essentials

W0253556

Essentials liefern aktuelles Wissen in konzentrierter Form. Die Essenz dessen, worauf es als „State-of-the-Art" in der gegenwärtigen Fachdiskussion oder in der Praxis ankommt, komplett mit Zusammenfassung und aktuellen Literaturhinweisen. Essentials informieren schnell, unkompliziert und verständlich

- als Einführung in ein aktuelles Thema aus Ihrem Fachgebiet
- als Einstieg in ein für Sie noch unbekanntes Themenfeld
- als Einblick, um zum Thema mitreden zu können.

Die Bücher in elektronischer und gedruckter Form bringen das Expertenwissen von Springer-Fachautoren kompakt zur Darstellung. Sie sind besonders für die Nutzung als eBook auf Tablet-PCs, eBook-Readern und Smartphones geeignet.

Essentials: Wissensbausteine aus Wirtschaft und Gesellschaft, Medizin, Psychologie und Gesundheitsberufen, Technik und Naturwissenschaften. Von renommierten Autoren der Verlagsmarken Springer Gabler, Springer VS, Springer Medizin, Springer Spektrum, Springer Vieweg und Springer Psychologie.

Susanne Kleinhenz

Dialogisches Management zur Steigerung der Mitarbeiterzufriedenheit

Personal- und Organisationsentwicklung für Führungskräfte

Susanne Kleinhenz
Berlin
Deutschland

ISSN 2197-6708 ISSN 2197-6716 (electronic)
essentials
ISBN 978-3-658-11842-6 ISBN 978-3-658-11843-3 (eBook)
DOI 10.1007/978-3-658-11843-3

Die Deutsche Nationalbibliothek verzeichnet diese Publikation in der Deutschen Nationalbibliografie; detaillierte bibliografische Daten sind im Internet über http://dnb.d-nb.de abrufbar.

Springer
© Springer Fachmedien Wiesbaden 2015
Das Werk einschließlich aller seiner Teile ist urheberrechtlich geschützt. Jede Verwertung, die nicht ausdrücklich vom Urheberrechtsgesetz zugelassen ist, bedarf der vorherigen Zustimmung des Verlags. Das gilt insbesondere für Vervielfältigungen, Bearbeitungen, Übersetzungen, Mikroverfilmungen und die Einspeicherung und Verarbeitung in elektronischen Systemen.
Die Wiedergabe von Gebrauchsnamen, Handelsnamen, Warenbezeichnungen usw. in diesem Werk berechtigt auch ohne besondere Kennzeichnung nicht zu der Annahme, dass solche Namen im Sinne der Warenzeichen- und Markenschutz-Gesetzgebung als frei zu betrachten wären und daher von jedermann benutzt werden dürften.
Der Verlag, die Autoren und die Herausgeber gehen davon aus, dass die Angaben und Informationen in diesem Werk zum Zeitpunkt der Veröffentlichung vollständig und korrekt sind. Weder der Verlag noch die Autoren oder die Herausgeber übernehmen, ausdrücklich oder implizit, Gewähr für den Inhalt des Werkes, etwaige Fehler oder Äußerungen.

Gedruckt auf säurefreiem und chlorfrei gebleichtem Papier

Springer Fachmedien Wiesbaden ist Teil der Fachverlagsgruppe Springer Science+Business Media (www.springer.com)

Was Sie in diesem Essential finden können

- eine kurze Einführung in die Thematik des demografischen Wandels und der Notwendigkeit von Arbeitgebern, attraktiver zu werden,
- eine Erklärung der vier Persönlichkeitspräferenzen nach Fritz Riemann und Paschen/Dishmaier,
- die wichtigsten Ergebnisse einer Studie zu den Zusammenhängen zwischen Dialogischem Management, Persönlichkeitspräferenzen der Führungskraft und ihre Auswirkungen auf die Mitarbeiterzufriedenheit,
- Handlungsempfehlungen für eine höhere Mitarbeiterzufriedenheit in den relevanten Bereichen der Organisations- und Personalentwicklung.

Inhaltsverzeichnis

Die Autorin

Dr. Susanne Kleinhenz ist Doktor der Philosophie mit dem Forschungsthema: „Mitarbeiterzufriedenheit durch Dialogisches Management."

Ihr gehört die live-academy, eine freie Akademie für Organisations- und Persönlichkeitsentwicklung, Change-Management und Führungskommunikation. Als Organisationsentwicklerin, Trainerin, Autorin und Vortragsrednerin mit wissenschaftlichem Hintergrund und hoher Praxiskompetenz verbindet sie fachliches Know-how im Learning-Development mit fundierter Erfahrung aus Verkauf, Führung und Psychologie. Zwei ihrer Schwerpunktthemen sind Women-Empowerment und Diversity.

1 Einleitung

Ab 2017 bringt der demografische Wandel gravierende Veränderungen, das heißt die Generation der so genannten Baby-Boomer erreicht das Rentenalter. Dadurch verlieren die Unternehmen wichtiges Humankapital, denn durch die geburtenschwachen Jahrgänge nach 1965 fehlt der Nachwuchs. In der Folge kommt es zu einer Überalterung in den Unternehmen. Mit der steigenden Lebenserwartung erhöht sich auch die Anzahl älterer Arbeitnehmer. Es ist damit zu rechnen, dass es in der Zukunft zu wenige junge, gut ausgebildete Arbeitskräfte geben wird, die die ab 2017 ausscheidenden Fach- und Führungskräfte ersetzen könnten. Das bedeutet, gut ausgebildete Fach- und Führungskräfte werden Mangelware und Unternehmen müssen umdenken und sich mehr auf ihre Arbeitnehmer einstellen.

Um als Arbeitgeber bei Arbeitnehmern durch eine hohe Mitarbeiterzufriedenheit attraktiv zu bleiben oder zu werden, sind neben attraktiven Arbeitszeiten und der Vereinbarkeit von Arbeit und Familie, Arbeitsplatzsicherheit vor allem auch das Vertrauen zum Arbeitgeber, die emotionale Gebundenheit und ein stabiles Vertrauen zum Arbeitgeber (vgl. Nink 2014a) besonders wichtig.

Die Studie von Leipprand (vgl. Leipprand 2012) belegt, dass die so genannte Generation Y besonderen Wert legt auf:

Vorlieben der Generation Y bei der Arbeitsplatzsuche

- Freiraum zur Regeneration, um Burnout und Depression zu vermeiden
- Führungskräfte als Vorbild für Vertrauen, Selbstreflexion und werteorientierte Führung, die auch ohne exzessive Arbeitszeiten beruflich erfolgreich sind
- die Vereinbarkeit von Familie und Beruf

© Springer Fachmedien Wiesbaden 2015

S. Kleinhenz, *Dialogisches Management zur Steigerung der Mitarbeiterzufriedenheit,* essentials, DOI 10.1007/978-3-658-11843-3_1

Die Gallup-Studien und die Studien des Fehlzeitenreports belegen, dass die Mitarbeiterzufriedenheit insbesondere von der Beziehung zwischen Führungskraft und Mitarbeitern abhängen. Die Chef-Mitarbeiter-Beziehung ist aber nicht nur für die Bindung verantwortlich, sondern trägt auch zur Verbesserung oder Verschlechterung des Gesundheitszustandes von Arbeitnehmern bei. Dies zeigt insbesondere die Studie von Zok im Fehlzeiten-Report 2011 von Badura (vgl. Zok in Badura et al. 2011, S. 27), in der deutlich wird, dass sich zu wenig Anerkennung und Wertschätzung negativ auswirken. Die Mehrheit der Befragten wünschten sich hier mehr Wertschätzung und Anerkennung seitens ihrer unmittelbaren Führungskraft. Auf die Frage „Was schlagen Sie zur Verbesserung Ihrer gesundheitlichen Situation am Arbeitsplatz vor?" antworteten mehr als ein Drittel: „mehr Einsatz der Vorgesetzten" für die Mitarbeiter und „klärende Gespräche mit dem Vorgesetzten". Defizite in der Kommunikation zwischen Führungskraft und Mitarbeiter machen folgende Aussagen deutlich: 62 % nehmen das Lob der Vorgesetzten gar nicht wahr und 41 % kritisieren, dass ihre Meinung vom Vorgesetzten bei wichtigen Entscheidungen nicht beachtet würde. Mehr als ein Drittel bemängelt die Arbeitsplanung durch ihre Führungskraft, 31 % fehlen die entsprechenden rechtzeitigen Informationen durch ihre Führungskraft, 28 % vermissen Aufgeschlossenheit des Vorgesetzten für berufliche Probleme (vgl. Zok in Badura et al. 2011, S. 26–30).

Diese und andere Studien zeigen, dass die Beziehung und insbesondere die Kommunikation zwischen Führungskraft und Mitarbeiter von besonderer Bedeutung sind. Nur wenn eine Führungskraft mit ihren Mitarbeitern in den Dialog geht, kann sie verstehen, was die Arbeitsplatzsituation des Mitarbeiters verbessert und ist dann in der Lage, Prozesse zu optimieren. Es geht also nicht nur darum, dass Führungskraft und Mitarbeiter miteinander reden. Es geht vielmehr darum, dass sie in einen qualitativen Dialog treten, indem sie sich aktiv zuhören, gegenseitig ernst nehmen, den Mut haben, das Entscheidende zu sagen, geäußerte Kritik annehmen, sich gegenseitig respektieren und wertschätzen und langfristig einen Prozess zur Verbesserung der gemeinsamen Arbeitsbedingungen zum Wohle aller anstreben.

Zusammenfassend kann festgestellt werden, dass es für ein gesundes und zufriedenes Arbeitsleben neben den Faktoren eines sicheren Arbeitsplatzes, guter Bezahlung und einer flexiblen familienfreundlichen Arbeitszeitgestaltung bei der Bindung des Mitarbeiters dessen Beziehung zu seiner direkten Führungskraft eine große Rolle spielt und die Führungs- und Kommunikationsfähigkeiten ein großer Hebel sind, mit der die Zufriedenheit der Mitarbeiter verbessert werden kann.

Diesem Praxisbuch liegt eine umfassende Forschungsarbeit zugrunde, deren Ziel es war zu untersuchen, inwieweit die Beziehung zwischen Führungskraft und Mitarbeiter durch Dialogisches Management einem Unternehmen helfen kann, „Best Place to Work" für seine Mitarbeiter zu sein oder zu werden.

Es wurde untersucht, inwiefern die psychologische Präferenz der Führungskraft in der Wahrnehmung des Mitarbeiters eine Rolle für die Zufriedenheit spielt und inwieweit ein Dialogisches Management mit den Grundlagen der Werte aus der humanistischen Psychologie, wie Vertrauen, Wertschätzung und eine gemeinsame Vision die Mitarbeiterzufriedenheit erhöhen können. Die Idee des „Dialogischen Managements" geht auf Petersen (2003) zurück. Die Einteilung der psychologischen Präferenzen erfolgt nach der Theorie Riemanns (1999) und unterteilt vier verschiedene Persönlichkeitspräferenzen, den autonomieorientierten versus den beziehungsorientierten und den stimulanzorientierten versus den balanceorientierten Menschen.

Für die Untersuchung wurde hier eine soziale Einrichtung herangezogen.

Es wurde deutlich, dass ein dialogischer Umgang nicht hierarchisch angeordnet werden kann, sondern von der Haltung der Führungskräfte, die ihn einführen wollen, abhängig ist. Die praktische Umsetzung ist Hauptteil dieses Essentials.

Vorher erfolgt eine kurze Beschreibung der verwendeten Persönlichkeitspräferenzen und die Zusammenfassung der wichtigsten Ergebnisse der Studie.

2 Einfluss der vier Persönlichkeitstypen nach Riemann auf die Mitarbeiterzufriedenheit

Bei dem Zusammentreffen von Persönlichkeiten geht es um die Unterschiede und Gemeinsamkeiten, die sie haben. Handelt es sich um eine Führungskraft, dann wird ihre Persönlichkeit einen großen Einfluss darauf haben, ob ihre Wirkung auf ihre Mitarbeiter positiv oder negativ sein wird. Hierbei kommt es aber nicht alleine auf die Persönlichkeit des Führenden, sondern auf die Passung zwischen der Führungspersönlichkeit, den Mitarbeitenden im Team und der Unternehmung selbst an. Hier helfen die psychologischen Ansätze der differenziellen Psychologie, wie das Trait-Modell, dessen Vorgänger in der Vier-Säfte-Lehre von Galen zu finden sind (vgl. Gerrig und Zimbardo 2008, S. 505).

Was bei den Menschen im Alltag eine natürliche Tendenz ist, ist auch im betrieblichen Alltag von großer Wichtigkeit. So spielt gerade in der Führung die Persönlichkeit und die Passung zwischen den Führungspersönlichkeiten, dem Unternehmen und den Mitarbeitern eine wichtige Rolle für das Miteinander im Betrieb und somit für die Mitarbeiterzufriedenheit.

> Vor dem Hintergrund des Wettbewerbs um Fach- und Führungskräfte gewinnen Führungsansätze an Bedeutung, die Unternehmen anhand von Persönlichkeitsdimensionen beschreiben. Der Führungserfolg steht hier im Zusammenhang mit der Übereinstimmung der Persönlichkeit der Führungskraft und des Unternehmens. „Somit kann durch die richtige Auswahl und Positionierung der Führungskraft, in Bezug auf ihre Persönlichkeit und Passung zur Organisation, zu ihren Mitarbeitenden und zum Team, eine positive Wirkung auf die Mitarbeitenden und die Organisation beobachtet werden. (Bekk und Spörrle in Grote 2012, S. 16)

Diese Persönlichkeiten lassen sich am besten messen und klassifizieren mit einem der gängigen Persönlichkeitsmodelle. Die Wahl aus der Vielzahl der möglichen Persönlichkeitsmodelle für diese Untersuchung fiel auf die Theorie nach Riemann, die er in seinem Werk „Grundformen der Angst“ (vgl. Riemann 1999) beschreibt.

© Springer Fachmedien Wiesbaden 2015

S. Kleinhenz, *Dialogisches Management zur Steigerung der Mitarbeiterzufriedenheit,* essentials, DOI 10.1007/978-3-658-11843-3_2

Er umfasst mit seinen vier psychologischen Präferenzen die fundamentalen psychischen Kräfte, die Menschen in ihrem privaten und beruflichen Leben antreiben:

- Wie steht jemand zu anderen Menschen? Wie wichtig ist ihm Beziehung im Vergleich zu Autonomie?
- Wie positioniert sich jemand im Wandel der Zeit, und wie findet er seine Identität in einer sich verändernden Welt? (vgl. Paschen und Dihsmaier 2011, S. 40)

Die vier psychologischen Präferenzen nach Fritz Riemann im Überblick
Riemanns Ansatz beschreibt die Ängste der Menschen und ihre Strategien, diese Ängste zu bewältigen, zu vermindern, zu überwinden oder zu binden. Aus diesen, im Folgenden beschriebenen, vier Kräften entwickelte er eine Typologie der vier Grundrichtungen menschlichen Seins (vgl. Riemann 1999, S. 19).

Die erste Kraft beschreibt den Wunsch, eine unverwechselbare einzigartige Persönlichkeit zu werden. Die Angst, die hiermit verbunden ist, heißt Isolation.

Die zweite Kraft beschreibt den Wunsch, sich der Welt, dem Leben und den Mitmenschen vertrauend zu öffnen und sich einzulassen. Diese Hingabe an das Leben ist wiederum mit der Angst verbunden, das eigene Ich zu verlieren und dem anderen oder der Welt ausgeliefert zu sein.

Die dritte Kraft beschreibt den Wunsch, nach Dauer und Beständigkeit, sich in der Welt häuslich niederzulassen, die Zukunft zu planen, zielstrebig zu sein, als ob die Welt stabil wäre und das Leben unbegrenzt. Hiermit werden dann die Ängste beschworen, die mit der Vergänglichkeit, den Abhängigkeiten und der Unberechenbarkeit des Daseins zu tun haben.

Die vierte Kraft beschreibt den Wunsch nach permanenter Veränderung und Entwicklung und der damit verbundenen Fähigkeit, Vertrautes, Traditionen und Gewohnheiten aufzugeben. Diese Forderung, das Leben im Augenblick zu erleben, immer weiter zu gehen, das Unbekannte wagend und niemals zu verhaften, ist mit der Angst verbunden, durch Regeln, Ordnungen und Gesetze, den Sog der Vergangenheit, in unserem Freiheitsdrang festgehalten, eingeengt und begrenzt zu werden (vgl. Riemann 1999, S. 26–28). So entstehen die vier Grundtypen nach Riemann, aus denen dann die vier psychologischen Präferenz-Typen beschrieben werden.

1. Die schizoide Persönlichkeit ➔ der dominante Autonomieorientierte
2. Die depressive Persönlichkeit ➔ der harmoniesuchende Beziehungsorientierte
3. Die zwanghafte Persönlichkeit ➔ der kontrollierende Balanceorientierte
4. Die hysterische Persönlichkeit ➔ der erlebnishungrige Stimulanzorientierte (vgl. Riemann 1999, S. 29)

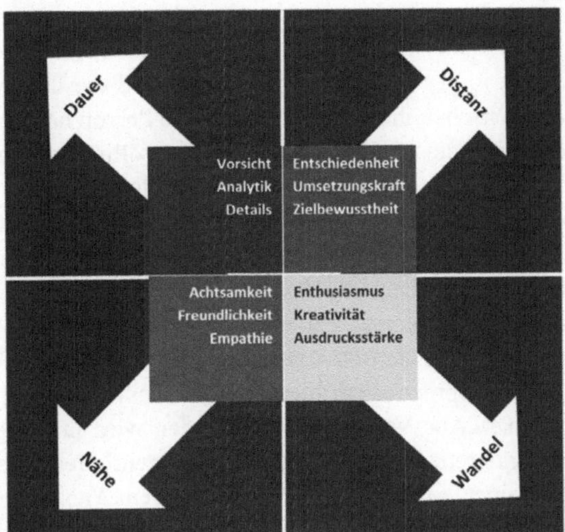

Abb. 2.1 Eigendarstellung der vier psychologischen Präferenzen nach Riemann 1999, S. 29

In Grafik der Abb. 2.1 werden die Kräfte und Ängste und sich daraus ergebende Persönlichkeiten nach Riemann und ihre Ableitung für das Management und die Führung aufgezeigt.

2.1 Schizoide Persönlichkeit: Dominante Autonomie-Präferenz

Die schizoide Persönlichkeit nach Riemann hat Angst vor Hingabe. Ihre Sehnsucht liegt in der Selbstwerdung und der Abgrenzung. Sie will niemandem verpflichtet sein und grenzt sich daher sehr stark ab. Überschreitet jemand ihre Distanz, empfindet die schizoide Persönlichkeit dies als Bedrohung ihres Unabhängigkeitsbedürfnisses. Sie hat eine große Angst vor menschlicher Nähe und versucht sie zu vermeiden. Sie bleibt gerne anonym. Auf andere wirken diese Menschen sehr kühl, dominant, distanziert und unnahbar. Sie geben nichts von sich preis und so lernt man sie niemals wirklich kennen. Ihr Misstrauen lässt sie besonders wachsam sein und sich eher auf den Verstand als auf das Gefühl verlassen. Sie wenden sich lieber den exakten Wissenschaften zu als ihrem Gefühl zu vertrauen (vgl. Riemann 1999, S. 34–38).

Die schizoide Persönlichkeit empfindet Bindungen als Zwang, etwas von sich selbst aufgeben zu müssen und vermeidet sie daher, wenn sie kann. Für diesen Menschen ist der Umgang mit Aggressionen von besonderer Bedeutung. Durch ihre Ungeborgenheit in der Welt und mit anderen und die dadurch empfundene Angst, wenn sich Menschen ihm nähern, wird diese Person häufig mit großer Aggression reagieren, die dann für die Außenstehenden völlig unerklärlich erscheinen kann. Der schizoiden Persönlichkeit aber fällt es leichter, sich anderen aggressiv zu zeigen, als empathisch und gefühlvoll auf jemanden zuzugehen. Diese Persönlichkeiten sind häufig sehr erfolgreich, da sie eher eine Sache verfolgen, als sich mit Gefühlen aufzuhalten (vgl. Riemann 1999, S. 38–79).

Da diese Persönlichkeit in erster Linie nach einem unabhängigen, autarken und autonomen Leben strebt und die Autonomie, die für sie der höchste Wert ist, mit hoher Dominanz verfolgt, sprechen wir hier von einer „psychologischen dominanten Autonomie-Präferenz". Aus Vereinfachungsgründen wird im Folgenden der Begriff „Autonomie-Präferenz" oder einer autonomieorientierten Person verwendet.

Menschen mit einer Autonomie-Präferenz suchen Anerkennung und legen einen hohen Wert auf Individualität vermitteln ein starkes Selbstvertrauen, grenzen sich emotional ab und tragen Konflikte ohne persönliches Belastungsempfinden. Sie erleben sich gerne in Konkurrenz mit anderen. Daraus ergibt sich, dass es einer autonomieorientierten Führungskraft leichter fällt, unpopuläre Entscheidungen gegen ihre Mitarbeiter zu fällen, als einer beziehungsorientierten Führungskraft (vgl. Paschen und Dihsmaier 2011, S. 44–45).

Betrachtet man die Passung zwischen Führungskraft und Mitarbeiter, so wird die autonomie-orientierte Führungskraft vor allem von dem autonomieorientierten Mitarbeiter als besonders charismatisch angesehen (vgl. Paschen und Dihsmaier 2011, S. 47).

2.2 Depressive Persönlichkeit: Harmoniesuchende Beziehungs-Präferenz

Bei der depressiven Persönlichkeit nach Riemann liegt die Angst darin, ein eigenständiges „Ich" zu werden. Dies wird als Herausfallen aus der gewünschten Geborgenheit empfunden. Diese Persönlichkeiten wünschen sich nahen Kontakt und Harmonie. Sie wollen lieben und geliebt werden. Sie sind somit das Gegenteil von Menschen mit einer Autonomie-Präferenz. Sie wollen andere glücklich machen, wollen ihre Wünsche erraten, um so einen beglückenden Austausch von Geben und Nehmen zu erleben. Sie möchten im Gegensatz zu Autonomieorientierten zu einem „Wir" verschmelzen und dabei geben sie sich gerne auch dafür auf (vgl. Riemann 1999, S. 80–89).

Da die Beziehung zum anderen hier das tragende Element ist, werden Menschen mit einem Hang zur depressiven Persönlichkeit als Menschen mit einer „psychologischen harmoniesuchenden Beziehungs-Präferenz" bezeichnet, die im Folgenden vereinfacht „Beziehungs-Präferenz" oder beziehungsorientiert genannt wird.

Dieses Gefühl von Verschmelzung ist vor allem in der Mutter-Kind-Beziehung zu finden. So sucht der Beziehungsorientierte immer wieder dieses Gefühl der Verbundenheit seiner Kindheit herzustellen. Er bekommt über die Zuneigung, die er empfängt, das Gefühl seines eigenen Wertes, was die Gefahr birgt, vom anderen abhängig zu werden. Diese Persönlichkeit vermeidet die „Ich-Werdung" und sucht die Verschmelzung mit einem anderen, ohne vorher erfahren zu haben, wer sie alleine als Persönlichkeit ist. Die Verlustangst ist bei ihr extrem hoch, da das eigene „Ich" von der Zuneigung des anderen abhängt (vgl. Riemann 1999, S. 89–93).

Im Vergleich zum Autonomieorientierten fällt es dem Beziehungsorientierten schwer, mit Aggressionen umzugehen. Wo Verlustangst herrscht, kann der Mensch sich nicht unfreundlich oder abgrenzend anderen gegenüber präsentieren. Er wird also immer versuchen, Harmonie zu stiften, um die Sympathien und die Gebundenheit zu den anderen nicht zu verlieren. Statt sich abzugrenzen, wehren und die eigenen Bedürfnisse durchzusetzen, wird er aus Angst vor Verlust eigene Bedürfnisse verharmlosen und seine Wut nicht ausleben. Daraus ergibt sich manchmal eine Art der verdeckten Aggression, die sich in einer moralischen Überlegenheit den anderen gegenüber zeigt. Dies kann in extremen Fällen bis zum Märtyrertum oder Masochismus gehen (vgl. Riemann 1999, S. 80–133).

Beziehungsorientierte suchen die Nähe zu anderen Menschen und bevorzugen eine Aufgabe, die es ermöglicht, für andere etwas Sinnvolles zu tun und auf andere Menschen mit zuzugehen. Unter Distanz und Zurückweisung leiden sie (vgl. Paschen und Dihsmaier 2011, S. 44).

2.3 Zwanghafte Persönlichkeit: Kontrollierende Balance-Präferenz

Während es bei dem Autonomie- und dem Beziehungsorientierten um die Gestaltung der Beziehungen mit andern geht, geht es bei den folgenden beiden Präferenzen um den Umgang mit Wandel und Beständigkeit in einer sich verändernden Welt.

Die zwanghafte Persönlichkeit sucht die Dauer, Beständigkeit und Verlässlichkeit in der Welt. Sie versucht daher immer, den alten Zustand wieder herzustellen und möchte weder sich selbst verändern, noch dass sich andere Dinge verändern. Da das Leben aber ständig im Fluss ist und die Veränderungen immer schneller werden, fällt es schwer, das Dagewesene festzuhalten. Die zwanghafte Persönlichkeit hat ein übergroßes Sicherheits- und Kontrollbedürfnis. Alles sich Verändernde gefährdet diese Sicherheit (vgl. Riemann 1999, S. 134–148).

Sie sucht durch Kontrolle eine Balance im Leben zu schaffen und dadurch die Höhen und Tiefen des Lebens zu vermeiden. Menschen mit einem Hang zu einer zwanghaften Persönlichkeit werden als Personen mit einer „psychologischen kontrollierenden Balance-Präferenz", im Nachfolgenden „Balance-Präferenz" oder balanceorientiert benannt.

Beziehungen sind für Balanceorientierte, wenn sie zu tief gehen, ähnlich wie für den Autonomieorientierten, beunruhigend. Liegt die Angst der Autonomieorientierten im Verlust ihrer Unabhängigkeit, so beunruhigt den Balanceorientierten der irrationale Charakter von menschlichen Gefühlen. Er will alles in der Hand behalten und seine Gefühle in jedem Moment kontrollieren. Wenn sich der Balanceorientierte in eine Beziehung begibt, dann ist er treu, aber nicht aus romantischen Gefühlen heraus, wie es beim Beziehungsorientierten der Fall ist, sondern aus ökonomischen Betrachtungen und aus der Angst vor dem Neuen in einer anderen Beziehung (vgl. Riemann 1999, S. 148–155).

Der Umgang mit Aggressionen macht dem Balanceorientierten Schwierigkeiten. Er hat keine Verlustangst, da er in seiner „Ich-Werdung" wesentlich weiter fortgeschritten ist als der Beziehungsorientierte. Er ist von Natur sehr vorsichtig und wird sich daher keine Wutanfälle leisten, oder sich sofort wieder dafür entschuldigen. Da die Aggression aber vorhanden ist und er einen Ausweg dafür sucht, richten Balanceorientierte ihre Aggression häufig gegen Regelverstöße anderer. Damit haben sie selbst ein gutes Gewissen. Für andere wirken sie dadurch als Besserwisser und Missmatcher, die immer den Fehler in allem suchen und finden (vgl. Riemann 1999, S. 155–163).

Balance-Orientierte suchen Ordnung und Sicherheit. Sie erfüllen Aufgaben mit Gewissenhaftigkeit, Gründlichkeit und Ausdauer, suchen Beständigkeit und sind in festen Gewohnheiten etabliert. Sie gehen vorsichtig mit Risiken um, sind dabei verlässlich, pflichtbewusst und pochen auf Regeleinhaltung. Regelabweichungen sanktionieren sie. Gerne kontrollieren sie andere Menschen – und das sehr konsequent.

2.4 Hysterische Persönlichkeit: Erlebnishungrige Stimulanz-Präferenz

Anstelle von Dauer und Sicherheit wünscht sich diese Persönlichkeit den Zauber des Neuen, den Reiz des Unbekannten und das Leben als Abenteuer. Sie sucht die Stimulanz, das Abenteuer und das Erlebnis in jedem Augenblick und hat Angst vor dem Unausweichlichen, dem Endgültigen und der Begrenzung der Freiheit. Niemals möchte sie verweilen oder in einer Lebenssituation verhaftet sein.

Diese nach Erlebnis und Abwechslung hungernden Menschen werden als Menschen mit einer „psychologischen erlebnishungrigen Stimulanz-Präferenz", vereinfacht „Stimulanz-Präferenz" oder stimulanzorientiert bezeichnet.

Stimulanzorientierte sagen sich „Carpe diem" und nutzen spontan jede Gelegenheit, sich neu auszuprobieren. Sie interessieren sich nicht für die Vergangenheit, sondern nur für die Gegenwart und vor allem die Zukunft. So handeln sie manchmal, ohne die kausalen Folgen ihres Handelns zu beachten und hoffen naiv, dass für sie diese Kausalität gerade nicht bestehen würde. „Hinter mir die Sintflut" ist dabei manchmal ihr Motto. Sie sind ungeduldig und möchten jede Idee, jeden Wunsch sofort umsetzen. Das macht sie sehr schnell und ideenreich, aber manchmal auch chaotisch und unüberlegt (vgl. Riemann 1999, S. 193–202).

In Beziehungen lieben sie vor allem, das Gefühl des Bewundertwerdens und das Verliebtsein an sich. Es geht ihnen mehr um die Steigerung ihres Selbstwertgefühls durch ihre Partner als um den Partner selbst. Hier sind sie der narzisstischen Persönlichkeit ähnlich. Sie sind dabei intensiv, leidenschaftlich und fordernd und nicht zwingend treu (vgl. Riemann 1999, S. 202–210).

Die Aggression beim Stimulanzorientierten ist, anders als beim Balanceorientierten, unbekümmert und spontan, nicht nachtragend und meist sehr impulsiv. Er liebt die Aufmerksamkeit und weiß auch seine Aggressionen entsprechend in Szene zu setzen. Er neigt je mehr zur Übertreibung desto größer die Diskrepanz zwischen seinem Schein und Sein ist (vgl. Riemann 1999, S. 210–213).

Stimulanz-Orientierte gehen flexibel und spontan mit Situationen um. Sie lassen die Vergangenheit hinter sich. Um Neues auszuprobieren, gehen sie Risiken ein, sind neugierig und phantasievoll. Beziehungen beenden sie schnell, um neue einzugehen, wenn damit das Potenzial neuer Erfahrungen verbunden ist.

Zusammenfassung der wichtigsten Ergebnisse der Untersuchung zur Mitarbeiterzufriedenheit in Bezug auf das Chefverhalten

3

Die folgenden Ergebnisse sind einer Forschungsarbeit entnommen (vgl. Kleinhenz 2015).

3.1 Verteilung der psychologischen Präferenzen

1. Verteilung der selbstwahrgenommen Präferenzen auf die Geschlechter

Es konnte festgestellt werden, dass sich Frauen überproportional höher als Männer als beziehungsfähig eingeschätzt haben. Der Beziehungsorientierte entspricht in seinen Zuschreibungen, wie Zurückhaltung, Teamorientierung, Harmoniebestreben, Anpassungsbereitschaft, Rücksicht, eher den weiblichen Eigenschaften, somit erscheint diese Einschätzung als eine logische Folge.

2. Verteilung der selbstwahrgenommen Präferenzen auf die Funktionen

Bei den leitenden Mitarbeitern und nicht leitenden Mitarbeitern lag die Selbsteinschätzung bei den Präferenzen wie folgt:

	Leitende	Nicht leitende
Autonomie	7	20
Stimulanz	8	51
Beziehung	5	148
Balance	7	74

© Springer Fachmedien Wiesbaden 2015

S. Kleinhenz, *Dialogisches Management zur Steigerung der Mitarbeiterzufriedenheit,* essentials, DOI 10.1007/978-3-658-11843-3_3

Der Mensch strebt, je mehr Autonomie-Anteile er hat, nach einer Position, in der nicht ihm gesagt wird, was zu tun ist, sondern er andere anleiten kann. So ist es plausibel, dass sich bei den nichtleitenden Mitarbeitern am wenigsten Autonomieorientierte befinden und am häufigsten Beziehungsorientierte.

Die Anzahl der Führungskräfte in ihrer Wahrnehmung als Autonomieorientierte ist zwar höher als die der Beziehungsorientierten, aber entgegen der vorherigen Annahme trotzdem relativ gering. Die Gründe hierfür können in der Selbstwahrnehmung der Führungskräfte einer Non-Profitorganisation liegen. Nur sieben halten sich selbst für autonomie- und andere sieben für balanceorientiert. Die Balanceorientierung ist auch nicht untypisch für Führungspersönlichkeiten, liegt in ihr doch auch der Wunsch, die Kontrolle über alles zu behalten. Die Beziehungsorientierung liegt erwartungsgemäß unter den anderen Präferenzen, ist aber trotzdem relativ hoch, was darauf zurückgeführt werden kann, dass es sich bei der Untersuchung um ein soziales Unternehmen handelt und hier nicht die sonst zu erwartenden typisch monetär- und machtorientierten Führungskräfte eines in harter Konkurrenz stehenden Wirtschaftsunternehmen vorzufinden sind. Erstaunlich hoch ist die Stimulanzorientierung in der Selbstwahrnehmung der Führungskräfte.

Interessant zu betrachten ist daher die Gegenüberstellung der Selbsteinschätzung der Führungskräfte mit der Fremdwahrnehmung ihrer Mitarbeiter in Tab. 3.1.

Während bei der Fremd- und Selbsteinschätzung bei Balance- und Beziehungsorientierung eine große übereinstimmung vorliegt, unterscheiden sich die Werte für Selbst- und Fremdeinschätzung bei der Stimulanz- und Autonomieorientierung deutlich.

Hier hielten sich 30 % der Führungskräfte für stimulanzorientiert, die Mitarbeiter empfanden aber nur 8,2 % unter den Führungskräften dieser Präferenz zugehörig.

Tab. 3.1 Selbstwahrnehmung Führungskräfte durch Mitarbeiter

	Autonomie	Stimulanz	Beziehung	Balance	Gesamt
Selbsteinschätzung Führungskräfte	7 (26%)	8 (30%)	5 (18%)	7 (26%)	27 (100%)
Fremdwahrnehmung der Mitarbeiter	146 (50%)	24 (8,2%)	49 (16,8%)	73 (25%)	292
Unterschied zwischen der Fremd- zur Selbstwahrnehmung	24	-21,8	-1,2	-1	

Nur 26 % der Führungskräfte hielten sich selbst als autonomieorientiert, aber ihre Mitarbeiter empfanden 50 % ihrer Führungskräfte autonomieorientiert.

Eine Erklärung dazu ist in dem Selbstverständnis des Autonomieorientierten zu finden. Wo der Autonomieorientierte sich selbst weniger als dominant einschätzte, sondern eher als stimulanzorientiert, wurde er von seinen Mitarbeitern ganz unterschiedlich zu seiner Selbsteinschätzung wahrgenommen.

Diese Diskrepanz kann in der täglichen Kommunikation große Missverständnisse in sich bergen und ein Dialogisches Miteinander erschweren.

3.2 Zufriedenheit mit der direkten Führungskraft

Bei der Ermittlung mit der Zufriedenheit mit der direkten Führungskraft wurde folgende Reihenfolge von Parametern für Zufriedenheit festgestellt:

1. Das Vertrauen zwischen dem Mitarbeiter und seiner Führungskraft
2. Das Vertrauen, Kritisches auf Augenhöhe ansprechen zu können
3. Sich bei Problemen vertrauensvoll an seine Führungskraft wenden zu können

Die gemeinsame Vision kam bei dieser Abfrage erst auf Platz 7. Aus den vorhergegangenen Ergebnissen kann davon ausgegangen werden, dass das Vertrauen die wichtigste Grundlage für die Zufriedenheit der Mitarbeiter mit ihrer Führungskraft ist. Das Vertrauen und die Wertschätzung bilden gleichzeitig die Grundlage, die ein dialogisches Miteinander ermöglicht. Soll also einen dialogischeren Umgang von Führungskräften mit ihren Mitarbeitern angestrebt werden, so gilt es, als erstes das Vertrauen und die Wertschätzung aufzubauen.

3.3 Passung und Mitarbeiterzufriedenheit: Wer passt zu wem?

In folgender Tab. 3.2 sind die Häufigkeiten in der jeweiligen Passung zwischen der Selbsteinschätzung des Mitarbeiters und der Einschätzung seiner direkten Führungskraft abzulesen.

Es fällt auf, dass sich 47,3 % der Mitarbeiter selbst als beziehungsorientiert wahrnehmen, während die Mitarbeiter zu 50 % ihre Führungskraft als autonomieorientiert einschätzen. Diese Passung spielt in den folgenden Vergleichen die größte Rolle.

26,4 % der Mitarbeiter ohne Leitungsfunktion nehmen sich selbst als balanceorientiert wahr, 18,2 % als stimulanzorientiert, aber nur 8,2 % der Mitarbeiter halten sich für autonomieorientiert.

Tab. 3.2 Passungen und Häufigkeiten

Führungskraft Mitarbeiter	Führungskraft: Autonomie	Führungskraft: Stimulanz	Führungskraft: Beziehung	Führungskraft: Balance	Gesamt-summe
Mitarbeiter: Autonomie	14 (4,8%)	1 (0,3%)	2 (0,7%)	7 (2,4%)	24 (8,2%)
Mitarbeiter: Stimulanz	21 (7,2%)	7 (2,4%)	12 (4,1%)	13 (4,5%)	53 (18,2%)
Mitarbeiter: Beziehung	71 (24,3%)	7 (2,4%)	26 (8,9%)	36 (11,9)	138 (47,3%)
Mitarbeiter: Balance	40 (13,7%)	9 (3,1%)	9 (3,1%)	19 (6,5%)	77 (26,4%)
Gesamt-summe	146 (50%)	24 (8,2%)	49 (16,8%)	73 (25%	292 (100%)

Hier kann in zweierlei Richtungen interpretiert werden.

Mitarbeiter schätzen ihre Führungskräfte tendenziell autonomieorientierter ein als sich selbst. Menschen, die autonomieorientierter wahrgenommen werden, haben diese Tendenz auch tatsächlich. Es kann weiter daraus geschlossen werden, dass Menschen, die autonomieorientierter wahrgenommen werden, tendenziell mehr Führungspositionen erreichen, als Menschen, die als beziehungsorientiert wahrgenommen werden. In der Untersuchung sind dies nur 16,8 %. Dies deutet auch auf das Dilemma hin:

Verdeutlichung des Dilemmas zwischen Mitarbeiterzufriedenheit und gängiger Führung

- Zufriedene Mitarbeiter verlangen nach dialogischem Umgang, der wiederum die Einhaltung der genannten humanistischen Werte voraussetzt.
- Autonomieorientierung aber steht der Dialogorientierung diametral entgegen.
- Autonomieorientierte Menschen gelangen an die Führungspositionen, was zur Folge hat, dass ein dialogisches Miteinander schwierig wird und die Mitarbeiterzufriedenheit sinkt.

Dies war in der Vergangenheit weniger ein Problem, da es ein überangebot an Arbeitnehmern gab. Durch den demografischen Wandel wird die Ressource Mitarbeiter knapper und somit das Bemühen um die Zufriedenheit der Mitarbeiter wichtiger.

Die weitere Diskussion dieses Problems und Lösungsvorschläge für Unternehmen erfolgen sind Hauptbestandteil dieses Buches.

Bei der Frage nach der Zufriedenheit mit der direkten Führungskraft antworteten die Mitarbeiter in der jeweiligen Passung mit folgenden Mittelwerten bei einer Range von 1 bis 6, siehe Tab. 3.3.

Diese Passungstabelle zeigt, dass bei der Passung des beziehungsorientierten Mitarbeiters mit der ebenfalls beziehungsorientierten Führungskraft die höchste Zufriedenheit bei einem Durchschnittswert von 5,12 liegt.

Die zweithöchste Zufriedenheit erreicht die Passung des balanceorientierten Mitarbeiters mit der ebenfalls balanceorientierten Führungskraft (5,05). Es kann hier also davon ausgegangen werden, dass sich Mitarbeiter tendenziell wohler mit Führungskräften fühlen, die sie genauso einschätzen wie sich selbst.

Die schlechtesten Zufriedenheitswerte erhielt hingegen die autonomieorientierte Führungs-kraft, sowohl bei dem beziehungsorientierten Mitarbeiter (3,92) als auch bei dem balanceorientierten Mitarbeiter (3,68). Die Passung autonomieorientiert bei beiden schaffte einen Mittelwert von 4,29, der aber unter dem Wert lag, den die beziehungsorientierten Mitarbeiter ihrer balanceorientierten Führungskraft (4,91) gaben. Das ist hiermit zu erklären, dass der Beziehungs- und der Balanceorientierte sich in ihrem Umgang mit der Zeit gleichen. Beide brauchen viel Zeit für Entscheidungen und möchten nicht gehetzt werden (vgl. Riemann 1999). Die autonomieorientierte Passung fällt deswegen am schlechtesten aus, da in diesem Fall beide Personen zu dominieren versuchen und so in Konkurrenz miteinander gehen. Dies bewirkt den geringen Zufriedenheitswert.

Tab. 3.3 Passungstabellen: Zufriedenheit mit der Führungskraft

Führungskraft/ Mitarbeiter	Führungskraft: Autonomie	Führungskraft: Stimulanz	Führungskraft: Beziehung	Führungskraft: Balance
Mitarbeiter: Autonomie	4,29	3,00	5,00	4,57
Mitarbeiter: Stimulanz	4,52	4,71	4,25	4,69
Mitarbeiter: Beziehung	3,92	4,43	**5,12**	4,91
Mitarbeiter: Balance	3,68	4,33	3,00	**5,05**

3.4 Zusammenfassung der Ergebnisse und Anforderungen an die Führungspraxis

Zusammenfassend können folgende Kernaussagen die Führungspraxis betreffend gemacht werden:

- Dialogisches Management ist ein wichtiges Instrument zur Erhöhung der Mitarbeiterzufriedenheit.
- Beziehungsorientiert wahrgenommene Führungskräfte haben eine höhere Chance auf zufriedenere Mitarbeiter als autonomieorientiert wahrgenommene Führungskräfte.
- Beziehungsorientierte Führungskräfte sind seltener vorhanden als autonomieorientierte Führungskräfte.
- Beziehungsorientierte Mitarbeiter sehen sich weniger in Führungspositionen.

Folgende Rückschlüsse sind aus der Untersuchung zu ziehen:

1. Beziehungsorientierte Führungskräfte werden als dialogfähiger eingeschätzt und schaffen zufriedenere Mitarbeiter als autonomieorientierte Führungskräfte.
2. Beziehungsorientierte Menschen sehen sich selbst weniger als Führungskräfte, da ihnen das Machtmotiv in der notwendigen Ausprägung fehlt.
3. Autonomieorientierte Menschen werden leichter Führungskraft, beziehungsweise Führungskräfte werden eher autonomieorientiert als beziehungsorientiert eingeschätzt.
4. Je autonomieorientierter eine Führungskraft eingeschätzt wird, desto unzufriedener sind ihre Mitarbeiter mit ihr und ihrem dialogischem Verhalten.

Daraus leiten sich folgende Fragen ab, die im folgenden Kapitel diskutiert werden:

1. Inwieweit können autonomieorientierte Führungskräfte zu gleichberechtigten Dialogpartnern ihrer Mitarbeiter werden?
2. Inwieweit können beziehungsorientierte Menschen zu Führungskräften herangezogen werden?
3. Kann durch den vermehrten Einsatz weiblicher Führungskräfte hier eine Lösung geschaffen werden?

4 Maßnahmen zur Verbesserung der Mitarbeiterzufriedenheit durch Dialogisches Management

Die aus der Studie und anderer Literatur abgeleitete Führungsproblematik
Betrachtet man die Ergebnisse dieser Forschungsarbeit, so kann festgestellt werden, dass Führungskräfte, die von ihren Mitarbeitern beziehungsorientiert wahrgenommen werden, eine höhere Mitarbeiterzufriedenheit erreichen als Führungskräfte, die auf ihre Mitarbeiter autonomieorientiert wirken.

Abbildung 4.1 zeigt eine Studie des insight-Instituts bei der während einer inhouse-Schulung 114 Führungskräfte nach dem Success Insights-Rad eingeschätz wurden. Diese Einschätzung basiert auf der Typologie nach C.G. Jung und unterscheidet ebenfalls Autonomie- versus Beziehungsorientierung und Kontroll- versus Inspirationsorientierung.

Die Auswertung dieses Selbsteinschätzungstests der 114 teilnehmenden Führungskräfte machte deutlich, dass sich 71,9 % der Führungskräfte als autonomie- und stimulanzorientiert einschätzten und nur knapp 28,1 % als beziehungs- und kontrollorientiert.

Im Vergleich zu der Umfrage in den Samariteranstalten in Fürstenwalde/Spree liegt hier die Selbsteinschätzung der Führungskräfte deutlich höher im Autonomiebereich. Dieser Unterschied ist damit zu erklären, dass sich in dieser Untersuchung keine Führungskräfte des sozialen Sektors befanden; und dass das Phänomen der Beziehungsorientierung in der Dienstleistungs-, Finanz- und Technikbranche weniger hoch angesehen ist, weil hier eine deutlich höhere ökonomische Ausrichtung vorliegt, die eher eine dominante Autonomieorientierung der Führungskräfte erfordert.

In seiner Studie über deutsche Spitzenmanager stellte Eugen Buß (2007) fest, dass 44 % der 52 befragten Spitzenmanager ihre Entscheidungen als primäre Alleinentscheidung treffen, 23 % Konsens suchen, 25 % bis zu einem gewissen Grad Konsens suchen und dann alleine entscheiden und 8 % den Entscheidungsstil von Problem und Gegenstand abhängig machen (vgl. Buß 2007, S. 178).

© Springer Fachmedien Wiesbaden 2015

S. Kleinhenz, *Dialogisches Management zur Steigerung der Mitarbeiterzufriedenheit,* essentials, DOI 10.1007/978-3-658-11843-3_4

DAS SUCCESS INSIGHTS-RAD
Branchen:
Sales: 33% / Financialservices 33% Technologie 33%

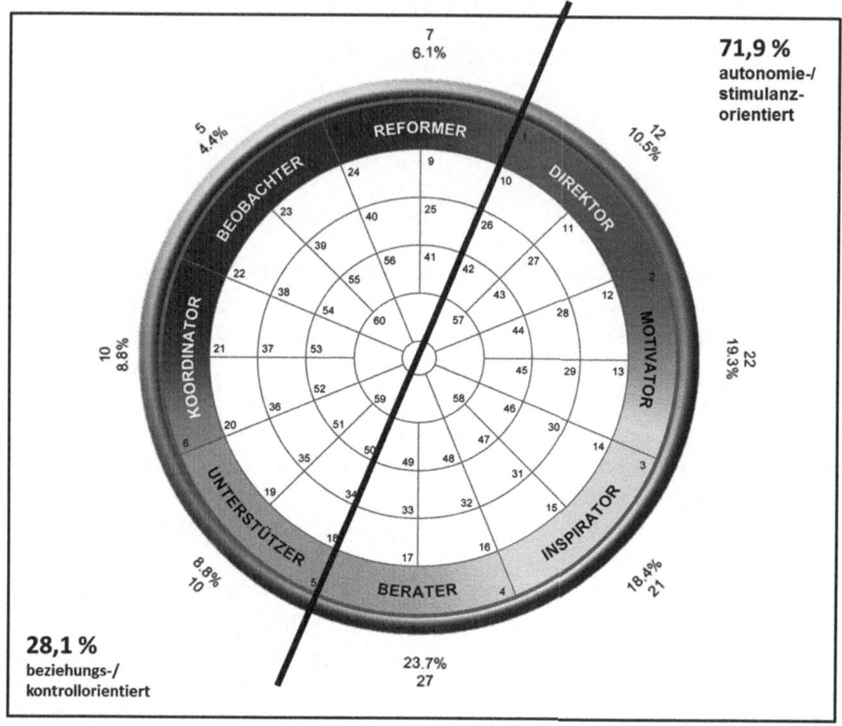

Abb. 4.1 Success-Typologie

Abbildung 4.2 zeigt Autoritätsverständnis der deutschen Spitzenmanager nach Buß (2007).

Es wird auch hier sichtbar, dass ein Großteil der Führungskräfte die autonomieorientierte Meinung vertreten, dass das eigene Charisma wichtiger für die Autorität von Verantwortlichen zeichnet als die Teamorientierung. 10 % waren der Meinung, dass alle drei Voraussetzungen gleichermaßen wichtig seien. Die Aussagen über die mangelnde Fürsorgekompetenz ihrer Führungskräfte einiger Studien zeigen ebenfalls eine Tendenz in die Richtung, dass die Führungskräfte eher autonomie- als beziehungsorientiert sind. Die jährlichen Untersuchungen des Gallup-

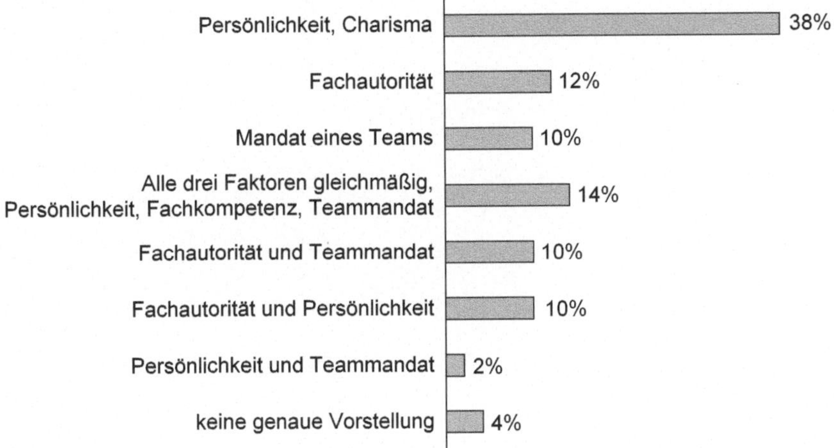

Abb. 4.2 Autoritätsverständnis deutscher Spitzenmanager (vgl. Buß 2007, S. 185)

Instituts bestätigen außerdem, dass die Mitarbeiterzufriedenheit beziehungsweise -unzufriedenheit im hohen Maße mit dem Agieren der direkten Führungskraft zusammenhängt. Studien des Instituts der deutschen Wirtschaft (IW) in Köln fanden heraus, dass nur 69 % der Beschäftigten zumindest manchmal Unterstützung durch ihren Chef bekommen, im EU-Durchschnitt sind es dagegen 81 %.

Das vorher benannte Dilemma bestätigt sich hier und es werden im Folgenden hierfür zwei Lösungsstrategien herausgearbeitet:

1. Kompetenzerweiterung der Führungskräfte zu Führungskräften, die mehr Mitarbeiterzufriedenheit schaffen
2. Empowerment von Mitarbeitern mit gering ausgebildetem Machtbewusstsein zu Führungskräften ➔ speziell Förderung weiblicher Mitarbeiter zu Führungskräften

5 Kompetenzerweiterung der Führungskräfte

Bei der folgenden Betrachtung von Maßnahmen zur Verbesserung der Mitarbeiterzufriedenheit durch Dialogisches Management geht es zum einen um die Kompetenzerweiterung der Führungskräfte durch Trainingsmaßnahmen und zum anderen um Organisationsentwicklungs-Veranstaltungen. Mit Kompetenzen sind hier vor allem die sozialen Fähigkeiten einer Führungskraft gemeint, wie zum Beispiel dialogisch zu kommunizieren, aber auch das Geschick dazu zu haben und die Verantwortung dafür zu übernehmen.

Die Veränderung des Führungsstils, in diesem Fall der Versuch, ein dialogischeres Kommunikationsverhalten der Führungskräfte mit ihren Mitarbeitern einzuführen, ist ein langfristiger Prozess und kann nicht nur durch einzelne Seminare, Trainings und Coachings durchgesetzt werden. Die Personalentwicklung, hier das Training der Führungskräfte, sollte mit der Organisationsentwicklung abgestimmt und Hand in Hand durchgeführt werden. Für die Einführung ist ein längerer Zeitrahmen zu bemessen. Zur Aufrechterhaltung des gewünschten Ziels sollten nach der Einführung entsprechende Auffrischungsveranstaltungen beziehungsweise Rituale eingeführt werden.

Bei den Trainings und Coachings steht die psychologische Präferenz der Führungskraft im Vordergrund. Das heißt, die Trainings und Coachings werden zum einen allgemeine Inhalte für alle Führungskräfte enthalten und zum anderen spezielle Trainingseinheiten, die auf die vier Präferenzen zugeschnitten sind.

Durch parallel stattfindende Organisationsentwicklungsmaßnahmen wird ein Rahmen geschaffen, der für die Zukunft das Ziel der dialogischen Kommunikation gewährleistet und sicherstellt, dass sich das Unternehmenssystem mit den Führungskräften gemeinsam zu einer dialogischen Kultur entwickelt. So kann sichergestellt werden, dass die, in einem Workshop über dialogische Führung geschulte Führungskraft, bei ihrer Rückkehr an ihren Arbeitsplatz bei ihren Kollegen auf Neugierde und ein Grundverständnis ihrer neuen Erkenntnisse trifft, anstelle auf

© Springer Fachmedien Wiesbaden 2015

S. Kleinhenz, *Dialogisches Management zur Steigerung der Mitarbeiterzufriedenheit,* essentials, DOI 10.1007/978-3-658-11843-3_5

die Grundhaltung von Mitarbeitern, die lächelnd ihren Chef betrachten, der gerade wieder einmal von einem Seminar kommt.

Da oftmals nicht alle Mitarbeiter und Führungskräfte an den Seminaren teilnehmen können, besteht die Gefahr, dass das System durch seine Selbsterhaltungstendenz (vgl. König und Volmer 2008) die im Dialogischen Management ausgebildete Führungskraft wieder in die alten Mechanismen hineinsaugen würde. Dem kann entgegengewirkt werden, indem alle Mitarbeiter durch entsprechende Organisationsentwicklungsmaßnahmen mit einbezogen werden.

Da das System vor allem durch die Kommunikation der Teilnehmer geprägt wird, würde dieser Widerstand genau dann eintreten, wenn ein vertrautes Kommunikationssystem wie zum Beispiel das der hierarchischen Kommunikation durch ein neues, wie hier das der dialogischen Kommunikation, ersetzt werden soll. Je nach Grad der Ausprägung des Machtanspruchs und des Narzissmus wird der Widerstand in der Veränderung vor allem in den Führungskräften selbst zu finden sein. Es gilt also zunächst für die Vorteile des neuen dialogischen Umgangs zu werben.

Die Einführung eines neuen Führungsverständnisses wird dann fruchten, wenn es neben den Einstellungen und Haltungen der Führungskräfte auch die vorherrschende Führungskultur berücksichtigt – und im besten Fall diese Kultur in eine beziehungsorientiertere, menschenfreundlichere und dialogischere Kultur verwandelt.

Es muss sichergestellt werden, dass die Führungskräfte, die jenes Führungskräfteentwicklungsprogramm durchlaufen, dauerhaft und nachhaltig einen Unterschied in ihrem Umfeld und im besten Fall in ihrem gesamten Unternehmen herstellen können. Um eine Verbesserung der Mitarbeiterzufriedenheit und des Klimas im Gesamtunternehmen erreichen zu können, ist es erforderlich, dass alle Führungskräfte die Trainings durchlaufen und es zusätzlich Maßnahmen auf der Organisationsebene gibt.

Die Einführung eines Dialogischen Managements setzt daher in Abb. 5.1 auf zwei Bausteinen auf:

- Organisationsentwicklung: Arbeit an der Führungs- und Unternehmenskultur
- Personalentwicklung: Entwicklung der einzelnen Führungskräfte

Während es bei den Trainingsmaßnahmen der Führungskräfte darum geht, die psycho-logischen Präferenzen mit ihren Stärken und Schwächen individuell zu betrachten, geht es bei der Organisationsmaßnahme darum, eine gemeinsame Unternehmens- oder Abteilungskultur zu erschaffen, in der sich alle Teilnehmer gemeinsam wohl fühlen und dadurch befähigt werden, an ihrem Arbeitsplatz beste Arbeit zu leisten.

Abb. 5.1 Eigendarstellung Trainingsplan Dialogisches Management

Organisationsentwicklungsmaßnahmen sowie Personalentwicklungsmaßnahmen müssen für jedes Unternehmen individuell erstellt und auf die Unternehmensziele abgestellt werden.

Im Folgenden wird ein idealtypisches Baukastensystem dargestellt, das die Grundlage individueller Beratung von Unternehmen zeigt, die sich die Verbesserung der Mitarbeiterzufriedenheit durch Dialogisches Management zum Ziel gesetzt haben.

Es erfolgt zunächst ein Überblick möglicher Maßnahmen zur Einführung Dialogischen Managements in einem Unternehmen.

Das folgende Kapitel beginnt mit einem Überblick über die erforderlichen Kompetenzen einer dialogisch denkenden und handelnden Führungskraft.

5.1 Einfluss der psychologischen Präferenzen auf die Kompetenzen von Führungskräften

In Abb. 5.2 werden erforderliche Kompetenzen für ein Dialogisches Management aufgezeigt.

Der erste Schritt ist die Erfassung des Ist-Zustandes jeder einzelnen Führungskraft und der Abgleich mit einer erwünschten Zielsituation.

Idealtypisches Kompetenz-, Identitäts- und Haltungsverständnis für ein dialogisches Management		
Mission : Wer bin ich?	• Eine Führungskraft, die sich selbst nicht wichtiger nimmt, als die anderen • Eine Führungskraft, die an der Wahrheitsfindung mit anderen interessiert ist • Eine Führungskraft, die das Beste für alle wünscht – nicht nur für sich	**Psychologische Defizite: „Warum fällt es mir schwer?“**
Werte: Für was stehe ich?	• Konsens statt schnelle Umsetzung • Hinterfragung des Status-Quo • Experimentierfreude • Gleichberechtigung und Augenhöhe unabhängig der Hierarchie • Emotionalität und Aussprechen von Gefühlen und Gedanken • Wertschätzung, Respekt und Achtsamkeit • Lernen, Erkundung und Entwicklung • Sinnfindung	
Haltung: Wie trete ich auf?	• gleichberechtigt statt im Hoch-Status • demütig statt überlegen • lernende Haltung statt besserwisserische • offen und nah statt verschlossen und distanziert • beobachtend statt bewertend	
Kompetenzen/ Fähigkeiten: Was kann ich, was kann ich nicht?	• aktives und stilles Zuhören • Reflektionsfähigkeit über eigene Gefühle • sich selbst in Frage stellen • in Beziehung mit anderen gehen • Empathie auch in stressigen Situationen • Awareness und Achtsamkeit • Klarheit • Aktive und passive Kritikfähigkeit • Vertrauenswürdigkeit • Wertschätzende Kommunikation • von der Zukunft aus denken	
System: Ist es dort möglich? Wie müsste das System sein, damit es möglich wäre?	• Ein von Vertrauen und Wertschätzung geprägtes Umfeld mit einem guten Verständnis für die Ideale des dialogischen Managements.	

Abb. 5.2 Idealtypische Kompetenzen einer dialogischen Führungskraft angelehnt an Dilts (1998), Hartkemeyer (2005), Petersen (2003), Senge (2003), Scharmer (2011)

Die Messung der persönlich-individuellen Kompetenzen kann z. B. durch einen Selbsteinschätzungsbogen erfolgen, dies zeigt Abb. 5.3.

Zusätzlich ist ein 360-Grad-Feedback und/oder ein Assessmentcenter eine geeignete Methode, den Ist-Zustand noch exakter und objektiver zu erfassen als nur mit einer Selbsteinschätzung.

Selbsteinschätzung der Kompetenzen: allgemeine Kommunikation, Führungskommunikation, wertschätzende Kommunikation, dialogische Kommunikation					
Themengebiete / Eigeneinschätzung	gar nicht	mäßig	aus-rei-chend	gut	sehr gut
Führung: Als Führungskraft bin ich Vorbild und gehe stets voraus. Ich lebe, was ich predige.					
Ich halte mich selbst für einen sehr authentischen Menschen und authentische Führungskraft.					
Ich behandle meine Mitarbeiter auf Augenhöhe.					
Ich kann mich gut in die Situation meiner Mitarbeiter hineinversetzen.					
Das Rollenkonzept der Führung ist mir bewusst und ich kann gut zwischen mir und meiner Rolle als Führungskraft unterscheiden.					
Change: Ich mag Veränderungen und kann flexibel mit ihnen umgehen.					
Ich kann Menschen in Veränderungsprozessen abholen und auf eine neue Reise mitnehmen.					
Ich bin ein erfahrener Change-Manager.					
Selbstmanagement: Ich beziehe mein privates Leben in meine berufliche Zielplanung mit ein.					
Ich habe eine klares Ziel-Präferenz-System für mein Leben: sowohl privat als auch beruflich.					
Kommunikation: Ich komme leicht mit Menschen ins Gespräch und erfahre, was meinen Gegenüber bewegt.					
Es gelingt mir in meinen Gesprächen eine gute Atmosphäre zu schaffen.					
Ich stelle meine Sprache und mein Handeln auf mein Gegenüber ein.					
Ich kann mich gut in jemanden anderen hineinversetzen.					
Ich höre ruhig zu, lasse den anderen ausreden und gebe aktiv Feedback.					
Ich finde das Positive an meinem Gegenüber und kann dies verstärken.					
Ich konne und beherrsche das 4 Ohren-Kommunikationsmodell. Es ist mir bewusst, auf welchen Kanälen ich kommuniziere.					
Ich kenne das Modell der Transaktionsanalyse und meine Antreiber.					
Es gelingt mir sowohl konstruktives Feedback zu geben als auch anzunehmen.					
Konfliktmanagement: Ich führe meine Verhandlungen nach dem Win-Win-Prinzip.					
Ich verwandle Konflikte in Kooperationen und mache Feinde zu Freunden.					
Ich kann gut zwischen der Person und der Sache trennen.					
Dialogisches Management: Ich kommuniziere sehr wertschätzend.					
Ich führe durch ein hierarchiefreies Verständnis.					
Ich kommuniziere mit allen Mitarbeitern und Vorgesetzten auf Augenhöhe.					
In meinen Besprechungen herrscht eine offene Atmosphäre, in der mich jeder Mitarbeiter ohne Angst vor Konsequenzen kritisieren darf.					

Abb. 5.3 Eigendarstellung eines Kompetenzermittlungsbogens

Das folgende Präferenz-Kompetenz-Modell fasst die wichtigsten Einflussgrößen der psychologischen Präferenzen, in Bezug auf das Fühlen, Denken und Handeln von Menschen zusammen.

Präferenz	Autonomie	Beziehung	Balance	Stimulanz
Dominante Kompetenzen/ Fähigkeiten	• Entschiedenheit • Umsetzungskraft • Zielbewusstheit	• Achtsamkeit • Freundlichkeit • Empathie	• Vorsicht • Analytik • Detailorientierung	• Enthusiasmus • Kreativität • Ausdrucksstärke
Einstellung/ Haltung Werte	• Autonomie/ Unabhängigkeit • Distanz • „Ich werde gewinnen."	• Harmonie/ Beziehung • Nähe • „Ich brauche Geborgenheit."	• Kontrolle • Denken • Distanz „Ich muss die Kontrolle haben."	• Ausprobieren • Fühlen • Nähe • „Ich will mich spielerisch ausprobieren und nicht festlegen."
GAP-Dialogisches Verhalten	• Abgabe von Macht • Aktives und zugewandtes Zuhören • Empathische Kommunikation • Raum geben • Verständnis zeigen (insgesamt)	• Klares und eindeutiges Kommunizieren	• Angst vor Kontroll-verlust beim Fließenlassen eines Prozesses • Zuhören • Zugewandtheit • Empathie • Verständnis für Schwächen	• Anderen im Prozess Raum geben • Zuhören • Anteil an andern nehmen, ohne selbst Mittelpunkt zu sein

Abb. 5.4 Eigendarstellung Präferenz-Kompetenz-Modell

Abbildung 5.4 zeigt eine allgemeine Übersicht, die die idealtypischen Stärken und Schwächen von Führungskräften mit den entsprechenden Präferenzen deutlich macht. Es dient dazu, die individuell ermittelten Kompetenzen mit denen der Präferenz abzugleichen und mit der Führungskraft darüber ins Gespräch zu kommen. Ziel bei der Festlegung des Trainingsplans ist vor allem, dass auch hier schon ein Dialog dahingehend erfolgt, dass die Führungskraft die geplanten Trainings und Coachings für sich selbst als sinnvoll erachtet und mit Engagement daran teilnimmt.

Nach der Festlegung des Ist-Zustandes wird mit den Trainings- und Organisationsentwicklungsmaßnahmen begonnen. Idealerweise sollten solche Maßnahmen mit einer Eröffnungsveranstaltung eingeführt werden, bei der die Firmenleitung gemeinsam mit der Arbeitnehmervertretung das Vorhaben und seine Vorteile für die Belegschaft vorstellt.

Die folgendem Abb. 5.5 gibt einen Überblick über den Prozess der individuellen Trainingsplanerstellung und Abb. 5.6 zeigt den möglichen Prozess der begleitenden Organisationsentwicklung, deren Tools im folgenden Kapitel detailliert aufgezeigt werden.

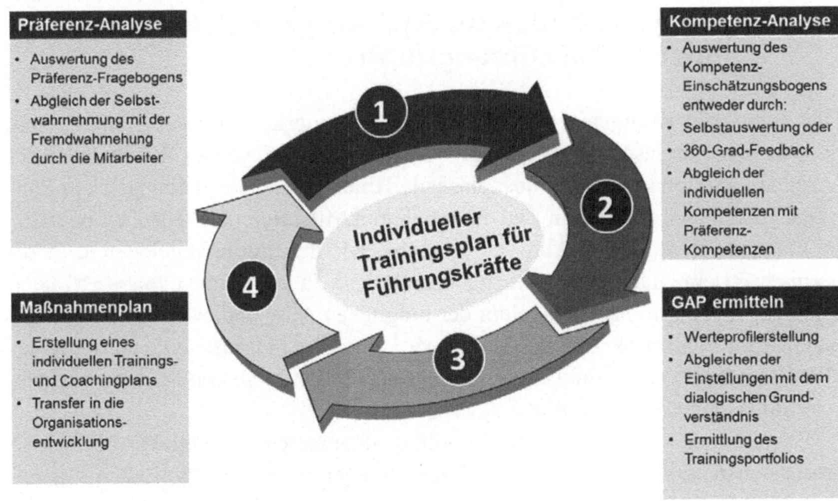

Abb. 5.5 Eigendarstellung eines Prozesses der Organisationsentwicklung

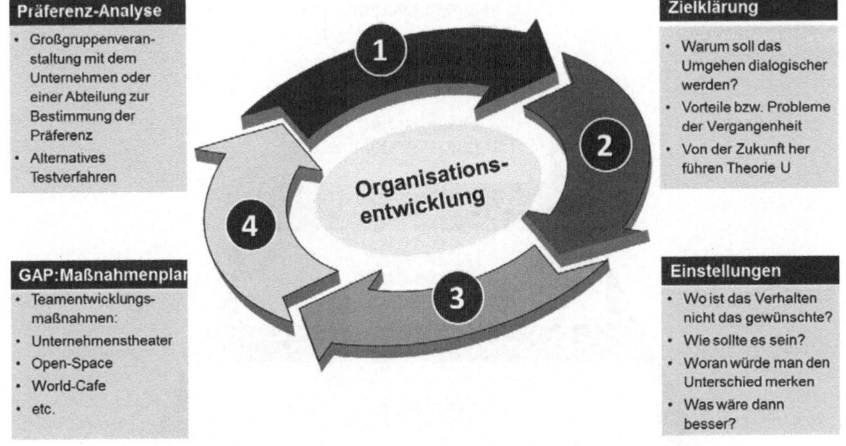

Abb. 5.6 Eigendarstellung Individueller Trainingsplan für Führungskräfte

5.2 Trainingsmethoden zur Erhöhung der dialogischen Kompetenz bei Führungskräften

Das Thema der Kompetenzerweiterung von Führungskräften ist so umfangreich, dass es hier nur insoweit aufgezeigt werden soll, inwieweit es den Bereich der sozialen, emotionalen und philosophischen Hintergründe eines dialogischen Führungsverständnisses mit dem Ziel einer höheren Mitarbeiterzufriedenheit betrifft.

Folgende Pyramide in Abb. 5.7 zeigt die, aus der Studie abgeleiteten, Erfordernisse für ein Dialogisches Management. Diese, in der Studie explizit erfragten Themen, fließen in das Curriculum der möglichen Aus- und Weiterbildungsmaßnahmen für Führungskräfte ein. Vorher wird eine Bestandsaufnahme der individuellen Kenntnisse und Fähigkeiten der Führungskräfte durch den Bildungsbedarfsermittlungsbogen durchgeführt.

Bezieht man sich hier auf das Handlungs-Kompetenz-Modell in Abb. 5.8, so ergibt sich in dessen Abwandlung und Verbindung mit dem idealtypischen Kompetenz-Modell einer dialogischen Führungskraft folgendes Prozessmodell.

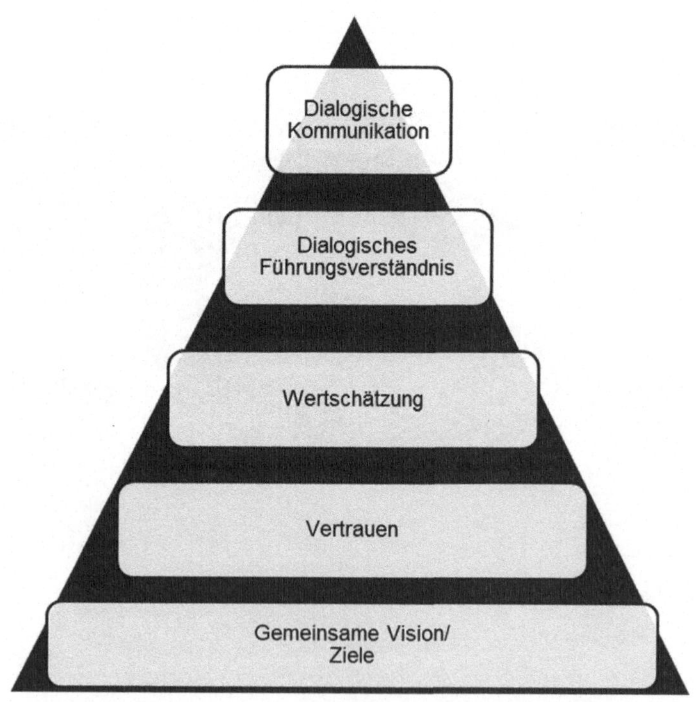

Abb. 5.7 Eigendarstellung Erfordernis für ein Dialogisches Management

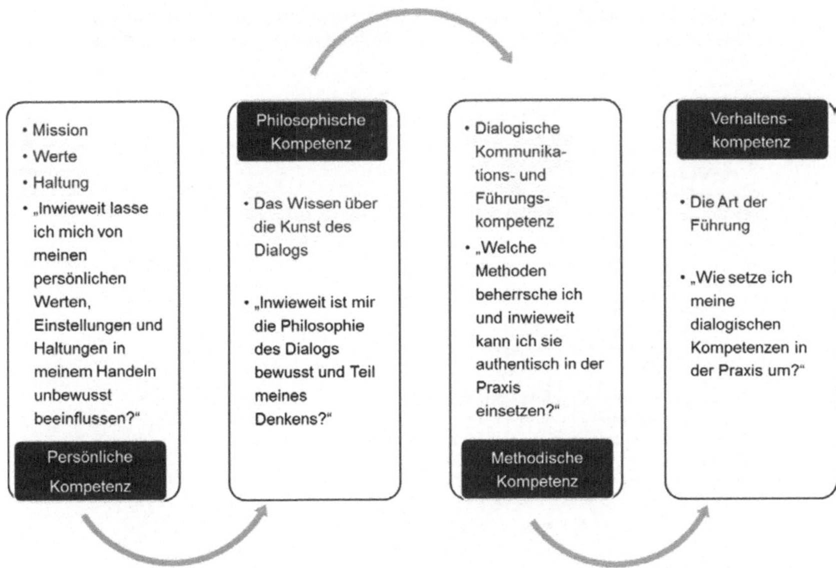

Abb. 5.8 Eigendarstellung eines dialogischen-Kompetenzmodells

Im nächsten Schritt werden die Seminar-, Trainings- und Coachingmethoden für die Führungskräfte des entsprechenden Unternehmens ausgesucht.

Die folgende Matrix in Abb. 5.9 zeigt eine Auswahl idealtypischer möglicher Lern- und Trainingsinhalte zur Verbesserung der dialogischen Kompetenzen auf der kognitiven, methodischen, persönlichen und der verhaltensorientierten Ebene.

Mit der kognitiven Ebene ist das Fachwissen über den Dialog gemeint. Hier geht es aber anders als in anderen Fachrichtungen, wie zum Beispiel dem Controlling, nicht nur darum, das Fachwissen zu beherrschen, sondern vielmehr darum, dass die Philosophie des Dialoges nicht nur verstanden, sondern auch verinnerlicht und als Teil der eigenen Lebens- und Führungsphilosophie angesehen wird. Es geht also sowohl um das Können als auch um das Wollen.

Auf der methodischen Ebene geht es um das reine Können und die Anwendung diverser Tools aus der Werkzeugkiste der Kommunikation, der Führung und des Dialogischen Managements.

Auf der persönlichen Ebene geht es in erster Linie um das Wollen; verkörpert in den Werten, der Einstellung und Haltung einer Führungskraft. Diese Ebene ist die wichtigste – und enthält die am schwierigsten zu vermittelnden Lerninhalte, da es hier um die Persönlichkeit der Führungskraft und um ihren Willen zur Veränderung geht.

Trainingsmaßnahmen für Führungskräfte zur Erhöhung der dialogischen Kompetenz				
Trainingsinhalte auf der Lernebene/ Didaktisches Konzept	Kognition	Metho-de	Hal tung	Verhal ten
Modul 1: Theorie des Dialogs und verwandte Gebiete				
• Philosophische Grundlagen des Dialogs: Buber, Bohm, Petersen	X	X		
• Philosophie der systemischen Unternehmensführung	X			
• Grundlagen der Lernenden Organisation	X	X		
• Philosophie der Methode U: Von der Zukunft her führen	X	X		
Modul 2: Dialog in der Führung				
• Vor und Nachteile der dialogischen zur hierarchischen Führung	X		X	X
• Die dialogische Person	X		X	X
• Die dialogische Führungskraft	X		X	
• Die psychologische Präferenz	X		X	X
• Die psychologische Präferenz und ihre Dialogbereitschaft	X		X	
• Das Rollenkonzept der dialogischen Führung	X		X	X
Modul 3: Kommunikationsmethodik für Dialogisches Management				
• Transaktionsanalyse: Antreiber, Ich-Zustände, Kommunikationsform bei Stress	X	X		X
• Schulz von Thun: Sender-Empfänger-Verständnis, 4 Seiten einer Nachricht	X	X		X
• Aktives Zuhören	X	X		X
• Die Kunst des Fragens: offene Fragen, Wertschätzung durch Fragen kommunizieren	X	X		X
• Konstruktivismus in der Kommunikation (Watzlawick)	X			X
• Nonverbale Kommunikation (Watzlawick)	X			X
• Körpersprache	X			X
• Mimikresonanz	X	X		X
• Storytelling	X	X		X
• Dialogische Verhandlungsmodelle	X	X		X
• Dialogische Mitarbeitermotivation	X	X		X
• Dialogische Mitarbeiterbeurteilungsgespräche	X			X
• Dialogische Feedbackgespräche	X	X		X
Modul 4: Angewandte Psychologie für dialogische Führungskräfte				
• Selbstbild und Fremdbild	X		X	X
• Selbstverständnis, eine dialogische Führungskraft zu sein	X			X
• Beziehungsmanagement	X		X	X
• Der Umgang mit Emotionen	X		X	X
• Der Umgang mit Konventionen	X		X	
• Wahrnehmung und Urteilsbildung	X		X	
• Von den eigenen Werten zu wertschätzender Führung	X		X	X
• Wertschätzung als Haltung	X			
• Die eigene Entwicklung			X	X
• Person – Rolle – Persönlichkeit	X		X	X
• Selbstführung			X	X
• Selbstmanagement	X			X
• Der eigene Leistungsanspruch	X		X	X
• Der eigene Machtanspruch	X		X	X
• Der eigene Beziehungsanspruch	X		X	
• Lebenssinn und Ziele im Spiegel des Dialogkonzeptes	X		X	
Modul 5: Die Führungskraft als Dialogpartner und Coach				
• Dialogische Coachingtools	X	X		X
• Führungskraft – Coach – Dialogpartner	X			X

X=zutreffend

Abb. 5.9 Eigendarstellung Maßnahmenmatrix Training Dialogisches Management

Auf der Verhaltensebene wird die gesamte bewusste Wissenskompetenz der kognitiven, persönlichen und methodischen Ebene durch Verhaltenstraining geübt und durch Wiederholung soll die zunächst bewusste Wissenskompetenz dann letztlich in unbewusste Handlungskompetenz verwandelt werden. Auf dieser Ebene findet der Transfer in die Praxis statt.

5.3 Organisationsentwicklungsmaßnahmen zur Verbesserung des dialogischen Umgangs

Während es bisher darum ging, was Führungskräfte können und wollen, geht es bei den Organisationsentwicklungsmaßnahmen darum, was das System Führungskräften und Mitarbeitern ermöglicht. Durch das Sichtbarmachen von Einschränkungen durch geschriebene oder auch „geheime Regeln" eines Unternehmens kann festgestellt werden, warum sich bestimmte Muster in einem System immer wiederholen und gewünschte Handlungsweisen sich trotz Seminar und Training im Alltag nicht durchsetzen können.

Ähnlich wie bei der Einzelperson, die durch ihre eigenen Werte und Glaubenssätze an einer Veränderung ihres Handelns gehindert werden kann (vgl. König und Volmer 2009, S. 73–79), verhält es sich mit Unternehmen, wenn in einem System ein bestimmter Wert oder Glaubenssatz vorhanden ist, der dem neuen Ziel widerspricht. Häufig sind diese Hemmnisse zwar für alle spürbar, aber nicht auf Anhieb kognitiv erklärbar.

Folgende Beispiele verdeutlichen solche Muster:

Beispiel 1

In einer Abteilung herrscht der geheime Glaubenssatz: „Wer am längsten arbeitet, ist der fleißigste und beste Mitarbeiter". Dieser Glaubenssatz sorgt für permanente Überstunden, weil er den Mitarbeitern quasi verbietet, früher das Büro zu verlassen, selbst wenn alle Arbeit getan ist.

Beispiel 2

Ein anderer Glaubenssatz eines Systems kann heißen: „Der Chef hat immer recht." Herrscht diese Überzeugung vor, wird es keiner der Mitarbeiter wagen, dem Chef zu widersprechen. Hier ein Dialogisches Management einzuführen wäre sinnlos, wenn nicht als erstes an dieser Überzeugung im System gearbeitet wird.

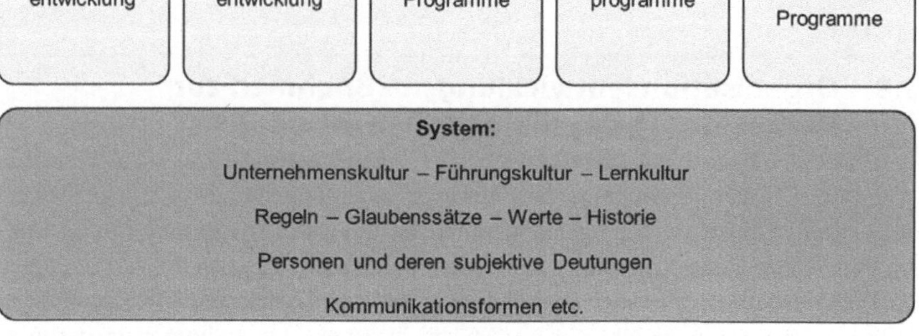

Abb. 5.10 Eigendarstellung System als Fundament aller Maßnahmen

Gerade aus dem Grund des zweiten Beispiels ist der systemische Blickwinkel bei der Einführung eines neuen Führungsstils, hier dem dialogischen Management, von großer Wichtigkeit, dies zeigt Abb. 5.10.

Auf dieser Grundlage sollten die Organisationsentwicklungsmaßnahmen und die Führungskräfteentwicklung dahingehend Hand in Hand gehen, dass die Ergebnisse des Organisationsentwicklungsprozesses in das Training einfließen und die Ergebnisse des Trainings in den Organisationsentwicklungsprozess.

Die Gestaltung der Maßnahmen ist individuell von den Anforderungen und der Struktur des Unternehmens abhängig.

Empowerment von Mitarbeitern 6

Die zweite Lösungsoption neben der Kompetenzerweiterung der bestehenden Führungskräfte, die bei der Veränderung einer hierarchischen hin zu einer mitarbeiterorientierten, dialogischen Führungskultur betrachtet werden kann, ist die Auswahl der zukünftigen Führungskräfte aus dem Mitarbeiterpool. Die Frage, die hier am Anfang aller Überlegungen des Unternehmens stehen sollte, lautet: „Entwickeln wir die richtigen Mitarbeiter zu Führungskräften?" Betrachtet man diese und andere Studien, so ist zu vermuten, dass in vielen Unternehmen, die Mitarbeiter zu Führungskräften befördert werden, die besonders dominant, autonomie-, macht- und karriereorientiert sind. Diejenigen, die beziehungs- und weniger machtorientiert sind, bleiben schon deswegen häufig bei den Beförderungen unberücksichtigt, weil sie sich erst gar nicht auf die ausgeschriebenen Führungspositionen bewerben. Eine Überlegung eines Unternehmens, bei dem dies so zutrifft, könnte sein, Förderprogramme für soziale, beziehungsorientierte Mitarbeiter aufzulegen und sie zu ermutigen, sich auf Führungspositionen zu bewerben. Am Anfang dieses Prozesses empfiehlt sich hier wieder ein Assessmentcenter, das nicht das größte Alphatier der Bewerber herausfiltert, sondern den sozial-kompetentesten Mitarbeiter. In diesem Zusammenhang kommt auch eine Förderung von Frauen in Betracht, deren Führungsqualitäten durch ihre guten sozialen Kompetenzen für Unternehmen oft ungenutzt bleiben. Gerade diejenigen Frauen, die an einer guten Work-Life-Balance und einem Familienleben interessiert sind, fallen den Unternehmen als Führungsressource weg, sofern Unternehmen nicht aktiv auf diese Frauen zugehen. Die Begründung für dieses Phänomen liegt in dem weiblichen Umgang mit Macht. Frauen haben mehr Angst vor Macht als Männer und werden sich deswegen in männerdominierten Firmen zurückhaltender verhalten. Dies hat unter anderem zur Folge, dass sie sich eigeninitiativ weniger aktiv auf Führungspositionen bewerben und ihre eigenen Qualifikationen bei Selbstpräsentation häufig unterschätzen (vgl. Nickel in Löw 2009, S. 121–123). Bei der Frage nach einer höheren Mitarbeiterzu-

© Springer Fachmedien Wiesbaden 2015

S. Kleinhenz, *Dialogisches Management zur Steigerung der Mitarbeiterzufriedenheit,* essentials, DOI 10.1007/978-3-658-11843-3_6

friedenheit wäre die Überlegung lohnend, ob bei einer höheren Durchmischung der Führungscrew von bisher sehr autonomieorientierten mit beziehungsorientierten Männern und Frauen auf lange Sicht ein besseres Ergebnis in der Mitarbeiterzufriedenheit nach sich ziehen würde – und damit verbunden, eine geringere Fluktuation, weniger innere Kündigungen von Mitarbeitern und geringere Personalkosten. Studien zeigen außerdem, dass Unternehmen, die von gemischten Teams geführt werden, deutlich bessere Ergebnisse erwirtschaften als Firmen, die nur von Männern geleitet werden.

6.1 Dialogisches Management und Gender

Der demografische Wandel wird es ermöglichen, aber auch notwendig machen, dass zukünftig mehr Frauen als bisher in die Führungsetagen der Unternehmen aufsteigen (vgl. Wippermann 2010). Diese Entwicklung kann auch jetzt schon gezielt gefördert werden, indem Unternehmen heute schon ihren Mitarbeiterinnen größere Aufmerksamkeit schenken und gezielt diejenigen unter ihnen zu Führungskräften heranziehen, die sich besonders für Dialogisches Management eignen. Folgende Studien geben Indizien dafür, dass Frauen dem dialogischen Gedanken versus dem hierarchischen Machtausüben aufgeschlossener sind als Männer.

Frauen haben höhere Führungskompetenzen
In einer Studie evaluierten Zenger und Folkman (2011) die Kompetenzen von 7280 Führungskräften. Dabei wurden deren Mitarbeiter nach den Qualitäten ihrer Führungskräfte befragt. Die Tab. 6.1 zeigt die Ergebnisse.

Frauen im Vorstand versprechen Erfolg
Bei einer Studie von Ernst Young wurden die 300 größten börsennotierten Unternehmen Europas untersucht. Dabei hat sich gezeigt, dass sich die Kennzahlen: Umsatz, Gewinn, Mitarbeiterzahl und Börsenwert positiver als der Durchschnitt aller Unternehmen entwickelten, wenn in der Vorstandsetage wenigstens eine Frau saß (vgl. Ernst Young 2012, S. 23).

Stress vermindert soziale Fähigkeit bei Männern und erhöht sie bei Frauen
In einer Studie der Universität Wien wurde an 40 Männern und 40 Frauen getestet, wie sie auf großen Stress reagieren. Dabei wurde festgestellt, dass die Stressreaktionen der Männer und Frauen in entgegengesetzter Richtung verliefen. Während die Männer in eine klassische Kampf- oder Fluchtreaktion verfielen und dadurch

Tab. 6.1 Kompetenzvergleich Männer-Frauen (vgl. Zenger-Folkman 2011)

The top 16 competencies top leaders examlify most	Male mean percent	Female mean percent	T value
Takes initiative (Eigeninitiative)	48	56	11,58
Practices self-development (Persönlichkeitsenwicklung)	48	55	9,45
Displays high integrity and honesty (Integrität und Ehrlichkeit)	48	55	9,28
Drives for results (Umsetzungsstärke)	48	54	8,84
Develops other (Mitarbeiterförderung)	48	54	7,94
Inspires and motivates others (Inspiration, Motivation)	49	54	7,53
Builds relationship (Beziehungsmanagement)	49	54	7,15
Collaboration and teamwork (Teamorientierung)	49	53	6,14
Establishes stretch goals (anspruchsvolle Zielorientierung)	49	53	5,41
Champions change (Exzellente Veränderungsbereitschaft)	49	53	4,48
Solves problems and analyzes issues (Analyt. Problemlösung)	50	52	2,53
Communicates powerfully and prolifically (Kommunikationsstärke)	50	52	2,47
Connects the group to the outside world (Außenkommunikation)	50	51	0,78
Innovates (Innovationsstärke)	50	51	0,76
Technical or professional expertise (Technische Erfahrung)	50	51	0,11

ihre Empathie nach unten und ihre Egozentrierung nach oben ging, stiegen bei den Frauen die Empathie und die Fähigkeit zwischen selbst- und fremdbezogenen Emotionen zu unterscheiden.

Lamm erklärte, dass neben den erziehungsbedingten und kulturellen Einflüssen hier auch die Hormone eine Rolle spielen könnten. Frauen zeigen unter Stress eine höhere Oxitocinausschüttung als Männer. Oxitocin hat einen positiven Einfluss auf die Fähigkeit von sozialen Interaktionen (vgl. Lamm et al. 2014, S. 95–100).

Was in all diesen Studien deutlich wird, lässt den Schluss zu, dass Frauen vor allem in den sozialen Kompetenzen eine höhere Affinität besitzen als Männer – und ihr Wunsch geringer ist, eine Gruppe zu dominieren.

In Abb. 6.1 wird sichtbar, welche Stärken und Fähigkeiten eher als maskuline Stärken, und welche eher feminine Skills sind (vgl. Nickel in Löw 2009; Beetz

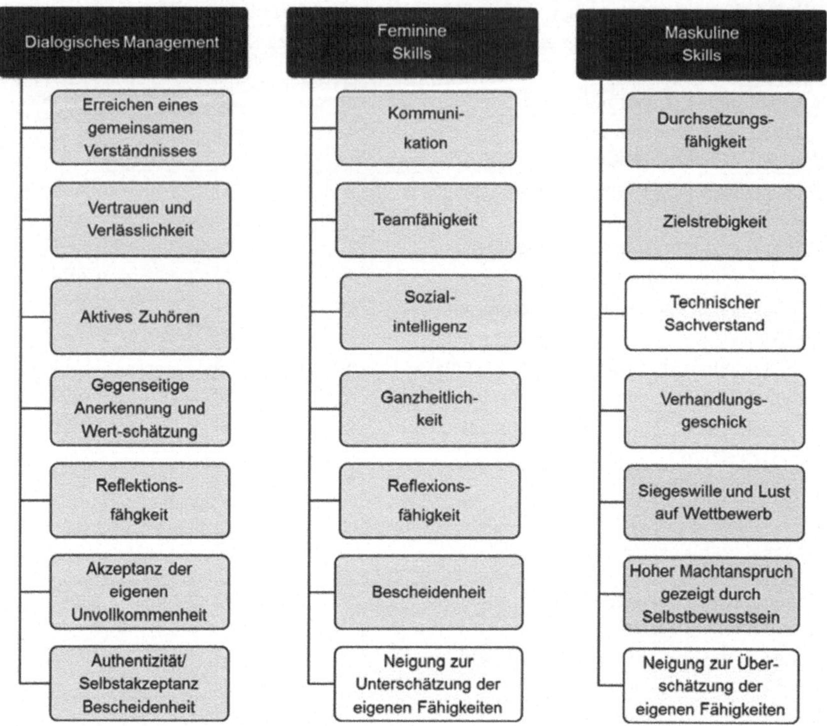

Abb. 6.1 Parallelen geschlechtsspezifischer Skills zum Dialogischen Management (vgl. Nickel in Löw 2009; Beetz 2009; Oppermann und Weber 1998)

2009; Oppermann und Weber 1998). Die farbliche Zuordnung der Stärken mit den Anforderungen, die ein Dialogisches Management an Führungskräfte stellt, wird die Annahme deutlich, dass ein dialogischer Führungsstil eher dem Naturell von Frauen entspricht, die sich schon deshalb nicht in einem stark dominant und hierarchisch geführten Unternehmen für eine Führungsposition bewerben würden.

In einem Unternehmen, das dialogisch statt hierarchisch aufgestellt wäre, hätten Frauen bessere Entfaltungsmöglichkeiten ihrer persönlichen Stärken. Gleichzeitig würde ein Unternehmen, in dem viele beziehungs- und nicht autonomieorientierte Frauen und Männer als Führungskräfte agieren, schneller einen dialogischen Führungsstil annehmen als ein Unternehmen mit ausschließlich machtorientierten Führungskräften.

In dem folgenden Kapitel werden Möglichkeiten betrachtet, die geeigneten Frauen und Männer aus dem Pool der Mitarbeiter herauszufiltern, die bei einer geringeren Machtorientierung trotzdem über gute Führungseigenschaften verfügen, und somit für ein einzuführendes Dialogisches Management geeignete Führungskräfte wären.

6.2 Assessment, Seminare und Mentorenprogramme

Die gängige Praxis in Unternehmen bei der Besetzung von Führungspositionen ist, dass sich Mitarbeiter auf Führungspositionen bewerben, seien es externe Bewerber, die sich auf Stellenanzeigen melden, oder interne Mitarbeiter, die sich für intern ausgeschriebene Führungspositionen interessieren. Durch dieses Verfahren kommen diejenigen Mitarbeiter für einen neu zu besetzenden Führungsposten in die nähere Auswahl, die einen gewissen Machtanspruch in sich verspüren, der sie dazu bringt, sich auf diese Position zu bewerben. Die stilleren Mitarbeiter mit weniger Ehrgeiz und Machtanspruch bleiben dabei unbeachtet.

Möchte man dieses Verfahren für die Führungskräfte der Zukunft verändern, so sollte man im ersten Schritt die Führungsmaxime des Unternehmens betrachten und mit den Führungsempfehlungen eines dialogischen Managements abgleichen.

Abbildung 6.2 zeigt eine beispielhafte Entwicklung von hierarchischen Führungsleitlinien hin zu einer dialogischen Leitlinie.

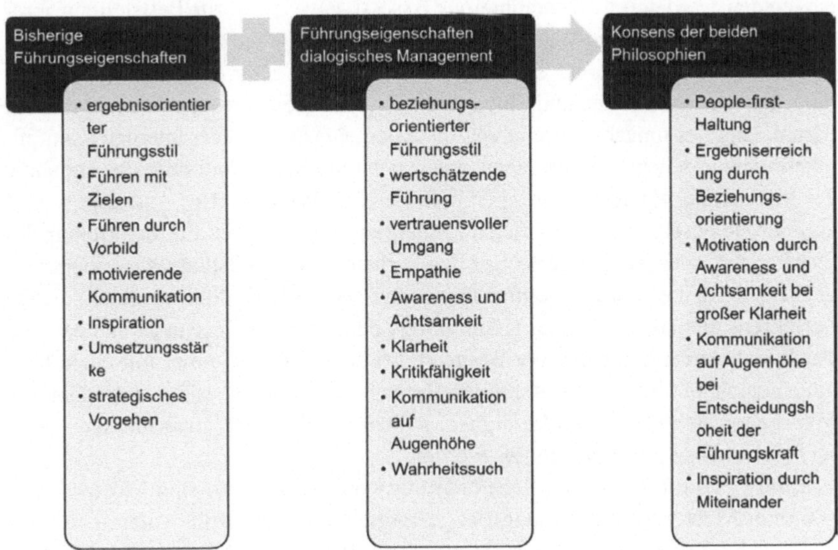

Abb. 6.2 Eigendarstellung Entwicklung einer dialogischen Führungsleitlinie

Nach der Entwicklung einer neuen Führungsleitlinie wird ein Anforderungskatalog für ein Mitarbeiter-Assessmentcenter aufgestellt. Dieser Anforderungskatalog für Führungskräfte wird sowohl Grundlage für das Assessment, als auch für die Ausbildung der in Frage kommenden Mitarbeiter zu Führungskräften. Vorteil dieses sogenannten Goldfischteiches ist, dass Unternehmen potenzielle Führungskräfte zur Verfügung haben, und im Fall des Fortgangs einer bestehenden Führungskraft diese sofort durch eine selbst ausgebildete Führungskraft ersetzen können (vgl. Wolf und Zipse 2009, S. 36–39). Hierdurch werden Headhunter-, Einarbeitungs-, und sonstige Anwerbungskosten gespart. Weitere Vorteile sind die Motivation von Mitarbeitern durch Aus- und Weiterbildung in Bereichen der Menschenführung, Psychologie, Kommunikation und angrenzenden Themen.

Gegen die Vorteile der Förderung und Motivierung von „High Potentials" durch einen sogenannten Goldfischteich wiegt das Risiko, dass dort gut ausgebildete Mitarbeiter, die aufgrund momentaner mangelnden Fluktuation der Führungskräfte in ihrem Unternehmen nicht befördert werden, ihre Chance bei einer anderen Firma suchen, verhältnismäßig klein ist (vgl. Wolf und Zipse 2009, S. 36–39). Eine strategische Karriereplanung für Mitarbeiter, die nicht nur den hierarchischen Aufstieg zur Führungskraft, sondern auch Fachkarrieren vorsieht, minimiert dieses Risiko noch einmal.

Im nächsten Schritt sollten Mitarbeiter von ihren Führungskräften, Talent-Scouts der Personalentwicklung oder durch Anzeigen im firmeneigenen Intranet eingeladen werden, ein firmeninternes Assessment-Center zur Feststellung ihrer Talente, Fähigkeiten und Weiterentwicklungsmöglichkeiten zu besuchen.

Wichtig hierbei ist, dass es bei dem Assessment-Center nur darum geht, Trainingsbedarf, Maßnahmen und Entwicklungsmöglichkeiten festzustellen, aber nicht darum, eine Leistungsbewertung vorzunehmen. Die Qualität der internen Kommunikation eines solchen Assessments entscheidet hierbei sowohl über die Annahme der Maßnahme, als auch über deren motivierende Wirkung. Das Assessment darf von der Belegschaft nicht als Leistungsbeurteilungsverfahren mit der Gefahr des „Verlierens" oder gar mit der Angst des Verlusts des Arbeitsplatzes gesehen werden. Diese Risiken können vermieden werden, wenn die Einführung eines solchen Verfahrens niemals parallel zu Kündigungs- oder anderen Kostensparmaßnahmen stattfindet. Außerdem sollte der Besuch eines Assessments immer mit einer Trainingsmaßnahme in einem bestimmten Bereich verbunden sein. Da sich nicht alle Mitarbeiter als Führungskräfte eignen, sollten hier Trainingsmaßnahmen in verschiedenen Disziplinen angeboten werden.

Eine weitere Möglichkeit der Förderung von Mitarbeitern sind Mentorenprogramme. Mentoring ist die langfristige Begleitung eines Mitarbeiters (Mentee) durch einen anderen erfahrenen Mitarbeiter oder eine Führungskraft (Mentor).

Der Begriff des Mentorings stammt aus der Antike und war jahrhundertelang eine der wichtigsten Berufsqualifizierungen. Heute kehrt Mentoring ins Management zurück und wird in erster Linie zur Förderung von Nachwuchskräften und insbesondere in der Frauenförderung eingesetzt (vgl. Graf und Edelkraut 2014, S. 1–2).

Mentoring-Programme können somit zum einen im klassischen Sinne eingesetzt werden, um jungen Führungsnachwuchskräften, parallel zu den Trainings und Coachings, noch einen Mentor an die Seite zu stellen, der in einem speziellen Mentoren-Programm mit den entsprechenden Tools ausgestattet wird.

Mentoring könnte aber auch speziell zur Implementierung eines dialogischen Managements eingeführt werden. Wie die verschiedenen Methoden des Mentorings hier speziell eingesetzt werden können, zeigt folgende Abb. 6.3.

Durch den zusätzlichen Einsatz von Mentoring innerhalb der Organisationsentwicklung und als Ergänzung des Trainings lassen sich die dialogischen Ideen durch die Hilfestellung in der Praxis schnell und unkompliziert implementieren.

Auf lange Sicht kann mit dieser begleitenden Methode ein Unternehmen nach und nach die Umstellung seiner hierarchischen Führungskultur in eine dialogische Kultur schaffen. Besonders empfehlenswert wäre hier das Cross-Mentoring, indem ein dialogisches Unternehmen seine Erfahrungen mit einem hierarchisch organisierten Unternehmen teilt.

Mentoring-Methode	Inhalt	Bedeutung für die Implementierung eines dialogischen Managements
Klassisches Mentoring	Erfahrener Mitarbeiter oder Führungskraft (Mentor) begleitet einen weniger erfahrenen Mitarbeiter (Mentee) auf seinem beruflichem Weg.	Diese Form des Mentoring kann vor allem bei der Frauenförderung dahingehend eingesetzt werden, dass der Mentor seiner beziehungsorientierten Mentee die Spielregeln der männlichen Welt bewusst macht und beide darüber reflektieren, wie diese Spielregeln verändert werden müssten, damit ein dialogischer Ansatz gelingen könnte.
Cross-Mentoring	Mehrere Unternehmen schließen sich zusammen, um gemeinsam ein Mentorenprogramm aufzustellen, in denen Mentor und Mentee aus verschiedenen Unternehmen zusammentreffen.	Diese Form wäre dann lohnend, wenn sich ein klassisch hierarchisch organisiertes Unternehmen ein Partnerunternehmen sucht, das bereits dialogische Führung eingeführt hat, wie z.B. dm. So könnte das Unternehmen von den Erfahrungen des dialogischen Unternehmens lernen und die Führungskräfte bekämen zusätzliche praktische Tipps von einer dialogischen Führungskraft.
Reverse-Mentoring	Der Mentee ist bereits sehr erfahren und in einer höheren Position, der Mentor ist jünger als der Mentee, aber Experte in einem speziellen Bereich. Wird bei sich schnell verändernden Themen wie IT und Social Media eingesetzt.	Diese Form wäre ein experimenteller Zugang. Hier würde ein besonders beziehungsorientierter und dialogischer Mitarbeiter zum Mentor einer dominanten Führungskraft berufen werden. In diesem Tandem sollte dann die Führungskraft die Erfahrung machen, dass sie mit dialogischen Methoden ihre Ziele besser erreicht und sich selbst dabei wohler fühlt.
Peer-Mentoring	Hier sind Mentor und Mentee vom gleichen Status. Mit großer Eigenverantwortlichkeit und Selbstorganisation unterstützen sich hier Gleichgestellte in der Entwicklung ihrer Karriere. Gruppenprozesse werden von den Gruppenmitgliedern selbst gesteuert.	Peer-Mentoring kann als Trainingsfeld ergänzend für die Führungskräfte eingesetzt werden, die sich gerade selbst in einer Weiterbildung befinden. Ähnlich wie bei der kollegialen Beratung können hier Erfahrungen ausgetauscht werden.
Informelles Mentoring	Mentoring ohne Programm. Häufigste Form des Mentoring. Kollegen helfen sich in freundschaftlicher Weise.	Spielt bei der Implementierung eines neuen Systems dahingehend keine aktive Rolle, da es nicht initiiert werden kann, ist aber ein wichtiger Bestandteil in der täglichen Praxis eines dialogischen Managements.
Gruppen-Mentoring	Ein Mentor betreut mehrere Mentees gleichzeitig und gemeinsam.	Dieses Mentoring empfiehlt sich besonders, da zu Beginn einer Veränderungsmaßnahme noch nicht genügend dialogerfahrene Führungskräfte zur Verfügung stehen.
Blended Mentoring	Klassisches Mentoring, das mit Online-Elementen ergänzt wird	Spielt eine nachgeordnete Rolle für dialogisches Management.

Abb. 6.3 Mentoring als Instrument Dialogischen Managements (vgl. Graf und Edelkraut 2014, S. 18)

7 Fazit

Das Essential, insbesondere die darin beschriebene Forschungsarbeit untersuchte, inwieweit der dialogische Umgang einer Führungskraft positiven Einfluss auf die Mitarbeiterzufriedenheit hat. Dabei wurde der Einfluss der wahrgenommenen psychologischen Präferenz, sowohl des Mitarbeiters selbst, als auch seiner Führungskraft untersucht.

Es wurde unter anderem festgestellt, dass Dialogisches Management und dialogisches Führungsverhalten die Mitarbeiterzufriedenheit verbessert. Weiter wurde erforscht, dass die Mitarbeiterzufriedenheit bei beziehungsorientiert wahrgenommenen Führungskräften am höchsten ist.

Mit den beschriebenen Organisationsentwicklungsmaßnahmen und Trainingsmöglichkeiten kann die Mitarbeiterzufriedenheit durch die Einführung eines Dialogischen Managements, oder zumindest einer optimierten Kommunikation seitens der Führungskräfte verbessert werden.

Hiermit kann auch verbunden sein, dass Führungskräfte und Mitarbeiter durch eine geschärfte Wahrnehmung ihrer psychologischen Präferenzen zukünftig besser miteinander kommunizieren. Außerdem kann durch mehr Wahrnehmung und eine erhöhte Achtsamkeit möglich werden, dass sich alle Beteiligten von starren Managementkonzepten lösen, und gemeinsam zu einem neuen Ansatz gelebter Führungspraxis kommen.

© Springer Fachmedien Wiesbaden 2015

S. Kleinhenz, *Dialogisches Management zur Steigerung der Mitarbeiterzufriedenheit,* essentials, DOI 10.1007/978-3-658-11843-3_7

Was Sie aus diesem Essential mitnehmen können

- die Unterscheidung der vier Persönlichkeitspräferenzen nach Fritz Riemann und Paschen/Dishmaier und ihre Wirkung auf Mitarbeiterzufriedenheit und Dialogisches Management
- Praktische Handlungsempfehlungen für eine höhere Mitarbeiterzufriedenheit in den Bereichen:
  - Kompetenzerweiterung der Führungskräfte zu dialogischem Verhalten
  - Einfluss der psychologischen Präferenzen auf die Führungskompetenz
  - Trainingsmethoden zur Erhöhung der Mitarbeiterzufriedenheit
  - Organisationsentwicklungsmaßnahmen für ein Dialogisches Management
  - Empowerment von beziehungsorientierten Mitarbeitern,
  - insbesondere Frauenförderung
  - Assessmentcenter, Seminare und Mentorenprogramme

© Springer Fachmedien Wiesbaden 2015

S. Kleinhenz, *Dialogisches Management zur Steigerung der Mitarbeiterzufriedenheit,* essentials, DOI 10.1007/978-3-658-11843-3

Literatur

Badura, B., Ducki, A., Schröder, H., Klose, J., Macco, K. (Hrsg.): Fehlzeiten-Report 2011. Führung und Gesundheit. Springer, Berlin (2011)

Beck, D., Dowan, C.: Spiral Dynamics. Leadership, Werte und Wandel, 2. Aufl. Bielefeld. J. Kamphausen (2008)

Beetz, M.: Der Knigge für das Bankgeschäft. Mit sozialer Kompetenz Imagewerte verbessern und Geschäftserfolge steigern. Gabler, Wiesbaden (2009)

Bekk, M., Spörrle, M.: Persönlichkeitskonzepte im organisationalen Führungskontext. In: Grote, S.. (Hrsg.) Die Zukunft der Führung, S. 15–25. Springer, Berlin (2012)

Blake, R., Mouton, J.: Verhaltenspsychologie im Betrieb. Der Schlüssel zur Spitzenleistung. Das neue Grid-Management-Konzept, 4. vollkommen überarbeitete Aufl. Düsseldorf, ECON (1992)

Brosi, P., Spörrle, M.: Die dunkle Seite der Führung. In: Grote, S.. (Hrsg.) Die Zukunft der Führung, S. 269–285. Springer, Berlin (2012)

Brown, J., Isaacs. D.: Das World Café. Kreative Zukunftsgestaltung in Organisationen und Gesellschaft. Car-Auer-Systeme, Heidelberg (2007)

Burns, J.M.: Leadership. Harper & Row, New York (1978)

Buß, E.: Die deutschen Spitzenmanager. Wie sie wurden, was sie sind. Oldenbourg, München (2007)

Dilts, R.: Von der Vision zur Aktion. Die Erschaffung einer Welt, der die Menschen zugehören wollen. Visionäre Führungskraft. Angewandtes NLP. Paderborn. Junfermannsche Verlagsbuchhandlung (1998)

Ducki, A., Felfe, J.: Führung und Gesundheit. Überblick. In: Badura, B. et al. (Hrsg.) Fehlzeiten-Report 2011. Führung und Gesundheit, S. vii–xii. Springer, Berlin (2011)

Ernst & Young.: Mixed Leadership. Gemischte Führungsteams und ihr Einfluss auf die Unternehmensperformance. http://www.ey.com/DE/de/SearchResults?query=Studien&search_options=country_name (2012). Zugegriffen: 10. Aug 2014

Folkman, J., Zenger, J.: Are Women Better Leaders than Men? HBR Blog Network. http://zengerfolkman.com/ (2012). Zugegriffen: 25. Aug 2014

Gerrig, R.J., Zimbardo, P.G.: Psychologie, 18., aktualisierte Aufl. Pearson Studium, München (2008)

Graf, N., Edelkraut, F.: Mentoring. Das Praxishandbuch für Personalverantwortliche und Unternehmer. Springer Gabler, Wiesbaden (2014)

© Springer Fachmedien Wiesbaden 2015
S. Kleinhenz, *Dialogisches Management zur Steigerung der Mitarbeiterzufriedenheit,* essentials, DOI 10.1007/978-3-658-11843-3

Graves, C.: Human nature prepares for a momentous leap. The Futurist, April 1974, S. 72–87 (1974)

Grote, S. (Hrsg.): Die Zukunft der Führung. Springer, Berlin (2012)

Grubitzsch, S., Rexilius, G.: Psychologische Grundbegriffe. rowohlts enzyklopädie, Reinbek bei Hamburg (1990)

Hartkemeyer, J., Hartkemeyer, M.: Die Kunst des Dialogs. J.G. Cotta'sche Buchhandlung, Stuttgart (2005)

Kleinhenz, S.: Dialogisches Management als Ansatz zur Mitarbeiterzufriedenheit. Ein persönlichkeitspräferenzorietierter Ansatz im Umgang zwischen Führungskraft und Mitarbeiter. Nationalbibliothek. https://portal.dnb.de/opac.htm?method=simpleSearch&cqlMode=true&query=idn%3D1074484401 (2015)

König, E., Volmer, G.: Systemisch denken und handeln. Personale Systemtheorie in Erwachsenenbildung und Organisationsberatung. Beltz, Weinheim (2005)

König, E., Volmer, G.: Handbuch Systemische Organisationsberatung. Beltz, Weinheim (2008)

König, E., Volmer, G.: Handbuch Systemisches Coaching. Für Führungskräfte, Berater und Trainer. Beltz, Weinheim (2009)

Lamm, C., Tomova, L., Dawans von B., Heinrichs, M., Silani, G.: Is stress affecting our ability to tune into others? Evidence for gender differences in the effects of stress on self-other distinction. Psychoneuroendocrinology 43, 95–104 (2014). www.elsevier.com/locate/psyneuen. Zugegriffen: 15. Aug. 2014

Löw, M. (Hrsg.): Geschlecht und Macht. Analysen zum Spannungsfeld von Arbeit, Bildung und Familie. VS Verlag für Sozialwissenschaften, Wiesbaden (2009)

Malik, F.: Führen Leisten Leben. Wirksames Management für eine neue Zeit, 10. Aufl. Wilhelm Heyne Verlag, München (2001)

McClelland, D.C.: Macht als Motiv. Entwicklungswandel und Ausdrucksformen. Verlagsgemeinschaft Ernst Klett – J.G. Cotta'sche Buchhandlung, Stuttgart (1978)

McClelland, D.C.: Human motivation. Scott, Glenview (1985) Forseman

Owen, H.: Open Space Technology. Ein Leitfaden für die Praxis. J.G. Cotta'sche Buchhandlung, Stuttgart (2001)

Paschen, M., Dihsmaier, E.: Psychologie der Menschenführung. Wie Sie Führungsstärke und Autorität entwickeln. Springer-Verlag, Berlin (2011)

Petersen, J.: Dialogisches Management. Peter Lang Europäischer Verlag der Wissenschaften, Frankfurt a. M. (2003)

Riemann, F.: Die Grundformen der Angst. Eine tiefenpsychologische Studie, 31. Aufl. Ernst Reinhardt Verlag, München (1999)

Scharmer, C.: Theorie U: Von der Zukunft her führen. Prescening als soziale Technik, 2., erweiterte Aufl. Carl-Auer-Verlag, Heidelberg (2011)

Scheelen, F.: inhouse-Studie über die Verteilung der Typologie auf Führungskräfte, unveröffentlichte Studie (2014)

Senge, P.: Die Fünfte Disziplin, Kunst und Praxis der lernenden Organisation, 9. Aufl. J.G. Cotta'sche Buchhandlung, Stuttgart (2003)

Steyrer, J., Schiffinger, M., Lang, R.: Ideal- und Realbild von Führung. Z Manage 4(2), 402–434 (2007)

Teichmann, S.: Unternehmenstheater zur Unterstützung von Veränderungsprozessen. Wirkungen, Eiflussfaktoren, Vorgehen. Deutscher Universitäts-Verlag, Wiesbaden (2001)

Wippermannm, C.: Frauen in Führungspositionen. Barrieren und Brücken, 2. Aufl. Sinus Sociovision, Heidelberg (2010)

Wolf, J., Paul, H., Zipse, T.: Erfolg im Mittelstand. Tipps für die Praxis. Gabler, Wiesbaden (2009)

Zok, K.: Führungsverhalten und Auswirkungen auf die Gesundheit der Mitarbeiter - Analyse von WIdO-Mitarbeiterbefragungen. In: Badura, B., et al. (Hrsg.) Fehlzeiten-Report 2011. Führung und Gesundheit, S. 27–36. Springer, Berlin (2011)